영혼의 길잡이 1

Orientations Volume 1 for
Collection of Helps for Prayer
Copyright ⓒ by John A. Veltri, S. J.
Guelph Centre of Spiritualiy, Guelph, Ontario, Canada N1H 6J9

Translated by KIM Yong Taek, S. J.
Korean translation ⓒ 2023 by Dong Yeon Press
Published by arrangement with John A. Veltri, S. J.

영혼의 길잡이 1
— 기도를 도와주는 자료집

2023년 12월 11일 처음 찍음
(천주교 서울대교구 인가일 2023년 10월 13일)

지은이 | 존 벨트리
옮긴이 | 김영택
펴낸이 | 김영호
펴낸곳 | 도서출판 동연
등 록 | 제1-1383호(1992년 6월 12일)
주 소 | 서울시 마포구 월드컵로 163-3
전 화 | (02) 335-2630
팩 스 | (02) 335-2640
이메일 | yh4321@gmail.com
S N S | instagram.com/dongyeon_press

Copyright ⓒ 도서출판 동연, 2023

ISBN 978-89-6447-971-1 04230
ISBN 978-89-6447-970-4 (영혼의 길잡이 시리즈)

영혼의 길잡이 1

기도를 도와주는
자료집

존 벨로리 지음
김영택 옮김

동연

기도를 도와주는 자료집

하느님의 말씀에 귀 기울이는 사람들을 돕기 위해

존 벨트리John Veltri, S. J.가

수집하고,

각색하고,

편집한 선집

머리말

모든 기도는 우리가 하느님과 독특하고 신비롭게 소통하도록 준비시켜 주는 인간적이고 단순한 수단이다. 나는 기도하는 방법과 수련을 차별 없이 수집하여 이 책에 담았다. 돔 챔프맨Dom Chapman은 "할 수 있는 기도를 하고 할 수 없는 기도를 하지 마라!"라고 말했다. 이 소책자의 대부분은 당신이 기도하거나 다른 이들을 안내할 때 도움이 될 수도 있고, 안 될 수도 있다.

때때로 영혼의 길잡이는 개인 지도 피정을 하거나 긴 기간에 걸쳐 영적 지도를 받는 피정자가 좀 더 쉽게 하느님의 말씀과 성령의 영향을 받도록 돕고 싶을 것이다. 이 책에 담긴 다양한 수련은 바로 이것을 지향하고 있다. 영적 길잡이는 이 책의 일부를 복사해서 지닐 수도 있고, 필요시 특별한 수련을 위해서 피정자에게 이 책을 빌려줄 수도 있다.

예를 들면 '피정 시작하기'는 처음 피정하거나 영적 길잡이를 곧바로 만날 수 없고 첫 면담까지 기다려야 하는 피정자에게 도움을 줄 수 있다. 또한 '식별력 개발: 의식 성찰을 통한 성장'은 어느 정도 긴 기간의 지속적인 영적 안내에서 의식 성찰 습관과 기술 육성에 도움을 준다. 이것은 특별히 내면의 자연스러운 움직임을 성찰하는 데 익숙하지 않은 사람들에게 유용하다.

때때로 영혼의 길잡이는 지속적인 영적 지도나 짧은 피정 지도에서 성 이냐시오의 『영신수련』의 일부분이나 다른 부분을 사용할 것이다. 나는 그런 경우에 내가 이 책에서 각색한 『영신수련』의 유용성을 많이 발견했다. 영신수련을 안내하는 어떤 경우에도 각색의 유익성은 입증되어야 한다. 나는 각색한 『영신수련』을 다양하게 갱신했다. 내가 각색한 『영신수련』에서 따온 문장에 대한 설명은 맨 뒤의 참조에 있다.

나는 이 책의 대부분을 썼지만 많은 부분을 다른 이들의 것으로 시작했고 그들의 글을 유의미하게 각색했다. 나는 이것에 대해 맨 뒤에서 감사를 표했다.

이 책은 성gender을 조심스럽게 다뤘다. 나는 성을 재정립하는 수련이 가치 있다고 생각했다. 다시 한번 나는 나에게 구체적으로 많은 영향을 주는 다양한 이미지를 발견하였다. 나는 이 작은 안내서에서 성을 재정립하고 편집하고 다소 확장하였다.

나는 이 책에서 한 가지 주제를 결코 한 부분에서 다른 부분으로 이어지는 방식으로 다루지 않았다. 나는 언제나 이 안내서가 우리를 돌보시는 하느님과의 여정에 도움을 주는 모든 자료 중 하나라고 생각했다.

하늘나라의 제자가 된 모든 율사는 자기 곳간에서 새것과 헌것을 꺼내 주는 집주인과 비슷합니다(마태오 13:52).

1979년 천주의 모친 성 마리아 축일에 첫 출판
1993년 부활절에 편집과 출판
존 벨트리

옮긴이의 글

 *Orientations*의 저자인 존 벨트리는 캐나다 예수회 신부이다. 그는 *Spiritual Freedom*의 저자인 존 잉글리시와 더불어 캐나다 구엘프의 예수회 영성센터 로욜라 하우스에서 영성 프로그램 운영과 증진에 탁월한 역할을 하였다. 그들은 캐나다 예수회의 이냐시오 영성과 영신수련에 양대 산맥과 같은 업적을 남겼다.

 나는 예수회에서 수련과 철학 과정을 마친 후 서강대학교 교목실에서 사목 실습하던 1992년 초에 벨트리의 책 *Orientations*을 처음 보았다. 그것은 보급판 피정 지도 안내서였다. 나는 사제가 되기 전부터 가끔 피정을 지도할 때면 이 안내서의 도움을 받았다. 벨트리는 이 책의 내용을 증보하여 *Orientations vol.1*이라는 이름으로 1994년에 출판했고, *Orientations vol.2*를 A와 B로 나누어서 1998년 2월에 출판했다.

 캐나다 구엘프의 영성센터 로욜라 하우스는 해마다 영성 지도자 과정을 진행했다. 나는 1997년 사제 서품을 받은 후에 그 과정에 참가했고, 거기서 벨트리를 만났다. 그는 내게 이 책을 한국어로 번역해 달라고 청했다. 그래서 나는 로욜라 하우스에서 받은 수련과 체험을 간직하고 영성 지도하며 만난 수많은 형제자매와 예수회를 통해 받은 하느님의 많은 은총에 조금이라고 보답하고자 이 책을 번역했다. 나는 먼저 2006년 '영혼의 길잡이'라는 이름으로 *Orientations vol.1*을 번역하고 이냐시오 영성연구소에서 한정판으로 출판했다. 나는 이 책의 오역과 미진한 부분을 발견하고 교정한 후 이번에 영혼의 길잡이 2권(2A), 3권(2B)과 함께 출간하게 되었다.

『영혼의 길잡이 1』은 부제 그대로 기도를 위한 안내와 자료집이다. 이것은 기도 안내를 받거나 홀로 기도하고 싶은 사람을 위한 자료를 담고 있다. 따라서 이 책에는 다양한 기도 자료가 주를 이룬다. 또한 이것은 사람들을 영적으로 안내할 때도 즉각적으로 찾아볼 수 있는 유익한 자료집이다. 특히 벨트리가 이 책에서 영신수련의 중요한 수련을 현대에 맞게 각색한 부분은 영신수련 본문의 내용으로 기도하기 어려워하는 사람들에게 도움을 줄 수 있다. 또한 그것은 영신수련의 본문을 이해하는 데도 도움을 준다.

이 책이 출판될 수 있도록 교정해 준 최선경 카타리나 박사와 동연 출판사의 김영호 사장 이하 직원들 그리고 물심양면으로 후원해 준 사람들에게 감사를 드린다.

2023. 11.
김영택, S.J.

성경으로 기도하기

하느님께서 먼저 우리에게 말씀하신다

우리는 이 확고한 진리를 바탕으로 기도할 수 있다. 우리가 우리 자신에게 관심을 갖기 훨씬 오래전부터 하느님께서는 우리 모두에게 관심을 가지셨다. 하느님께서는 우리와 대화하길 원하고, 다음과 같이 매우 다양하게 말씀하신다.

- 하느님께서는 예수님 안에 강생하신 하느님의 말씀을 통하여 말씀하신다.
- 우리가 예수 그리스도 안에 함께 모여 있기에 하느님께서는 교회, 시대의 지혜 등을 통하여 우리에게 말씀하신다.
- 창조는 말씀으로 이루어졌으며, 그것은 하느님의 또 다른 자기 계시이다.
- 하느님께서는 우리 삶에서 일어나는 사건과 체험을 통하여 말씀하신다.
- 하느님께서는 진실로 현존하는 성경을 통하여 말씀하신다.

성경으로 하는 기도는 우리가 여기서 관심을 갖고 설명하는 의사소통 방법이다. 하느님께서 우리에게 들으라고 초대하시기에 우리는 먼저 하느님의 말씀을 듣고 응답한다. 이것이 바로 기도의 기본이다.

어떻게 들을 것인가

　기도 바로 전의 행위는 매우 중요하다. 성경으로 기도할 때 되도록 곧바로 기도를 시작하지 마라. 잠시 조용히 긴장을 풀며 정중하고 편안하게 머물러라. 당신은 누군가의 말을 들을 때 모든 것을 접고 그의 말을 들으려고 노력하지 않는가!

　당신은 침묵하며 혼자 머물 때 이것을 가장 잘할 수 있다. 짧은 성경 구절 하나를 선택하고, 그 구절과 친해지도록 여러 번 읽어라. 그 구절에 표시하고, 혼자 고요히 머물며 하느님 앞에서 마음 놓고 응답할 수 있는 곳을 찾아라. 내적으로 고요해지려고 노력하라. 예수님은 아버지께 기도하려고 종종 혼자 산으로 올라가셨다. 자신이 만드는 것 같은 소음과 활동 그리고 긴장이 연속되는 이 시대에 마음 써야 할 것과 해야 할 일, 주변에서 발생하는 소음과 자극을 잊기란 언제나 쉽지 않고 또 그럴 필요도 없다. 결코 억지로 모든 분심을 다 없애려고 하지 마라. 그런 걱정은 자신과 하느님 사이에 방해가 될 수 있다. 그보다는 말씀이 몸이 되셨기에 하느님께서는 소음과 혼동 속에서 우리에게 말씀하신다는 것을 의식하라.

　기도를 준비하면서 때때로 긴장을 풀고 주변의 소리를 들어보라. 하느님의 현존은 있는 그대로의 현실이다. 감각과 느낌, 생각, 희망, 사랑, 놀라움, 욕구 등의 생생한 체험을 의식하라. 그러면 당신은 자신 안에 계신 이타적이고 사랑스러운 하느님의 현존을 의식할 수 있다. 하느님께 다음과 같이 간단하게 말을 걸고 고백하라. "예, 당신은 진정으로 생명을 사랑하고 내 안으로 스며들기를 원하십니다. 당신은 진정한 사랑으로 당신의 생명을 나에게 주십니다. 당신은 내게 드러내십니다. 당신은 내 안에 계십니다. 예, 당신은 진정으로 내 안에 계십니다."

하느님께서는 지금 성경으로 당신에게 말씀하시고, 당신 안에서, 당신을 위해 기도하시는 성령을 통하여 당신 안에 현존하신다. 하느님의 말씀을 듣게 해달라고 청하라. 천천히 그리고 주의 깊게 성경을 읽어라. 많은 내용을 다루려고 서두르지 마라.

해당 구절이 예수님 삶에서 일어난 사건이면 그 신비에 머물러라. 예를 들면 치유 받은 소경과 같은 등장인물들과 이야기를 나눠라. 그들의 태도에 대해 이야기를 나눠라. 예수님의 말씀에 응답하라. 어떤 단어나 구절은 당신에게 특별한 의미를 준다. 그 단어를 음미하라. 그 단어를 마음에 간직하라.

떠오르는 것, 예를 들면

— 예수님과 새로운 방법으로 함께 있음을 느낌 또는 예수님이 새롭게 자신에게 다가오심을 느낌(예: 여느 때와 다르게 치유 받고 받아들여짐)
— 하느님의 사랑을 체험
— 하느님 앞에 있다는 것만으로도 느끼는 행복과 만족
— 단어 때문에 느끼는 갈등과 불안
— 새로운 의미 체험
— 무언가를 사랑하도록 이끌림

이런 움직임을 체험할 때 잠시 멈춰라.
바로 이때 하느님께서 직접 당신에게 성경의 말씀으로 이야기하신다. 서둘러서 앞으로 나가지 마라. 자신 안에서 더 이상 아무런 움직임이 일어나지 않을 때까지 기다려라. 아무것도 일어나지 않아도 실망하지 마라.

하느님께서는 우리가 우리 힘으로 위안을 얻거나 대화를 하는 것이 아니라는 것을 깨닫도록 때때로 메마름과 공허를 허락하신다. 하느님께서는 때로는 안 계신 것처럼 매우 가까이 우리 곁에 계신다(시편 139:7-8). 하느님께서는 우리를 있는 그대로 받아주시고, 심지어 우리의 모든 부족함에도—기도할 능력조차 없어 보이더라도— 이기심 없이 온전히 우리를 위해 존재하신다. 겸손하게 듣는 태도는 하느님께 대한 사랑의 표시이고, 마음에서 우러나오는 진정한 기도이다. 이러한 때에 다음과 같은 바오로의 말을 기억하라.

> 성령께서도 연약한 우리를 도와주십니다. 어떻게 기도해야 할지도 모르는 우리를 대신해서 말로 다 할 수 없을 만큼 깊이 탄식하시며 하느님께 간구하십니다. 그리고 마음속까지도 꿰뚫어 보시는 하느님께서는 그러한 성령의 생각을 잘 아십니다(로마 8:26-27).

긴장을 풀고 기도하라. 하느님께서 당신만의 방법으로 우리에게 말씀하신다는 것을 기억하라.

> 하늘에서 쏟아지는 비, 내리는 눈이 하늘로 되돌아가지 아니하고 땅을 흠뻑 적시어 싹이 돋아 자라게 하며 씨 뿌린 사람에게 씨앗과 먹을 양식을 내주듯이, 내 입에서 나가는 말도 그 받은 사명을 이루어 나의 뜻을 성취하지 아니하고는 그냥 나에게로 돌아오지는 않는다(이사야 55:10-11).

내면과 주변에서 함께하시는 하느님을 깊이 의식하며 기도 시간을 보내라. 원한다면 관심거리를 말씀드리거나 기쁨, 슬픔, 소망 등등에 대하여 하느님께 감사드려라.

요 약

▮ 성경 구절

성경 구절 하나를 택하여 마음에 새기면서 준비하라.

▮ 장소

혼자 편안히 하느님께 응답할 수 있는 장소로 가라.

▮ 자세

긴장을 풀고 평안히 머물러라. 마음과 몸의 조화를 이뤄라.

▮ 하느님 현존

하느님의 현존을 깨닫고 알아보며 응답하라. 준비가 되면 성경 구절
로 돌아가라.

▮ 성경 구절

아주 천천히 크게 읽고, 편안하게 집중해서 들어라. 잠시 멈춰라. 마치 연애
편지를 읽듯이 마음으로 읽고 들어라. 마음이 끌리는 때나 곳에 머물고, 반복
해서 크게 읽거나 속삭여라. 조바심 내지 말고 교훈이나 의미나 놀라운 생각
이나 결론을 찾으려고 하지 마라. 돌보는 사람의 무릎에 앉아 이야기를 듣는
아이처럼 만족하라. 기도 중이나 기도를 끝내기 전에 들은 것에 대하여 하느
님, 예수님 또는 믿음직하고 지혜로운 인물과 대화를 나누는 것은 확실히
도움이 된다.

┃회고

기도를 마치고 곧바로 기도 체험을 성찰하라. 성찰은 당신의 체험 안에서 활동하시는 하느님을 주목하게 도와줄 것이다.[1]

피정 시작하기[2]

목자이신 하느님께서 당신과 직접 대화하길 원하신다는 것을 깊게 믿으면서 관대하게 피정을 시작하라. 지난날 당신이 어디서 어떻게 살며 마음을 닫았든, 오로지 할 수 있는 만큼 마음을 열면, 하느님께서는 당신과 깊이 대화하실 수 있다.

그러므로 돌보시는 하느님과 단둘이 이야기할 수 있는 분위기 조성에 매우 중요한 내적이고 외적인 침묵을 지키며 피정을 시작하라. 이제부터 돌보시는 하느님 앞에서 고요히 머물고, 긴장을 풀며, 마음을 내려놓아라.

처음 며칠 동안은 기도할 때마다 먼저 돌보시는 하느님을 깊이 신뢰하고 믿을 수 있는 은총을 청하라.

하루에 네 번 기도하고, 매번 15분에서 1시간 정도 기도하기로 정하라. 당신은 피정을 하면서 영적 길잡이의 도움으로 자신에게 더 적절한 기도의 횟수와 시간을 찾을 수 있다.

기도와 기도 사이에 긴장을 풀고 참고로 주어진 성경 구절을 읽거나, 낮잠을 자며 자연을 즐기거나, 생각에 잠기거나, 마음을 고요하게 만드는 이 모든 방법을 잘 활용해서 구하는 은총과 조화를 이루려고 노력하라. 하느님께서 당신에게 말씀하시는 것에 응답하기 위하여 이 모든 것을 하라. 당신은 기도할 때 다음의 성경 자료에서 하나 혹은 여럿을 선택할 수 있다.

　　루가 11:1-13; 시편 139:1-18; 마태오 28:16-20

　　원한다면 당신은 다음에 주어진 보충 자료 중 몇 개를 기도하지 않을 때 읽어도 좋다. 구하는 은총을 받도록 준비하는 데 도움이 되는 것만 사용하라.

　　히브리 4:12-16; 로마 8; 시편 33, 40, 62, 63, 103, 131; 마태오 6:25-33; 13:1-23; 요한 14:15-20; 이사야 49:14-16.

마음에 속삭이는 마음

작자 미상

우리는 성령께 이끌려
숨겨진 많은 길을 통해
성삼위의 생명에 들어간다.

믿음과 사랑으로
우리 자신을 드러낼 때,
우리는 사랑하는 아들에게 계시하신
하느님 안에서 서로를 나눈다.

우리가 마음속 깊은 것을 말하는
서로를 사랑하며 집중해서 들을 때,
아빠에게 집중하며 듣고 있는 아들을
좀 더 알게 된다.

기도와 영적 지도를 받는 데 필요한 조언
― 개인 지도 피정과 그 밖의 과정

영적 길잡이와의 면담

영적 길잡이가 사제일지라도 그에게 반드시 고해할 필요가 없음을 명심해야 한다. 영적 길잡이는 나의 과거나 현재의 죄를 반드시 알 필요는 없다. 그러나 나의 마음에 들어오고 나가는 유혹과 두려움, 위안과 생각, 즉 내 안에서 일어나는 다양한 움직임에 대해 자유롭게 말하는 것은 영적 안내에서 매우 중요하다. 그제야 비로소 길잡이는 내가 하느님께 이끌리고 반응하는 방법에 따라서 나를 안내할 수 있다.

내가 영적 길잡이에게 이렇게 마음을 열지 않으면 나의 성장에 더 도움이 되는 주안점focus을 식별하는 것은 불가능하다. 나의 내면에는 생각과 느낌이라는 많은 움직임이 있다. 내가 떠올린 것처럼 보이는 의식적인 생각보다 분명히 '내 안으로 들어오고 내게서 나가는' 생각과 느낌이 식별에 더 도움을 준다. 우리는 영감inspirations이 '내게 온다'고 말한다. 바꾸어 말하면 우리는 내 안에서 일어난 영감을 받아들이고 따르려고 할 때 영감을 '나의 것'이라고 부르고 '내 것인 양' 소유한다.

성경은 이러한 느낌과 어우러진 생각의 조합을 '마음에서 비롯된 생각'이라고 부른다.

우리는 개인 지도를 받는 피정에서 이 마음을 영적 길잡이와 나눌 때만 식별할 수 있다. 기도 수련에서 일어나는 구체적인 내면의 반응과 움직임, 즉 '떠오르거나', '기도 중에 흘러 들어오고 나가는' 느낌과 생각은 우리가 영적 길잡이에게 알려야 하는 내용이다. 이것은 아주 넓게 보아서 개인 지도 피정을 벗어난 영적 안내에도 해당된다. 그럴 때도 길잡이는 여러 가지 방법으로 느낌과 생각을 주목할 수 있을 것이다. 그러나 길잡이는 그러면서도 궁극적으로는 마음의 움직임에 대해서 동정적이고 사랑스럽게 집중하려고 노력할 것이다.

기도 중의 담화

담화colloquy는 '영신수련' 용어이다. 담화는 하느님, 성인 중의 한 분 또는 편안하고 귀하며 지혜로운 분과 나누는 친밀한 대화conversation라고 『영신수련』은 설명한다. 이런 대화는 기도의 장면에 나 자신을 되도록 온전히 몰입할 때에 일어난다. 어떤 때 나는 치유가 필요하거나 이해하려고 애쓰며 말하거나 듣고 있는 자신을 발견할 것이다. 다른 경우에는 나는 죄인, 어린이, 연인이나 친구, 기타 등등일 때도 있다. 담화는 기도 중의 특정한 때에만 진행되지 않는다. 나는 마음이 움직일 때 담화를 시작한다. 기도하면서 좀 더 일찍 담화하지 않았다면, 기도를 끝내기 전에 담화하는 것도 도움이 될 수 있다.

대화에는 서로 주고받는 말dialogue이 담겨 있다. 예를 들면 나는 친구에게 말하고, 친구는 나에게 응답한다. 따라서 대화는 주고받는 자유로운 흐름이다. 내가 마음을 열고 대화하려면 가끔 '부양책'을 쓰는 것이 중요하다. 당신은 앞에다 의자를 놓고 대화로 역할 연기를 하면서 누군가 거기에 앉아 있는 것을 상상하는 부양책을 쓸 수 있다. 그 사람에게 무엇인가를 크게 말하고 그 사람이 당신에게 크게 응답하는 것을 반복해서 상상하라. 당신은 마치 인형을 가지고 노는 아이처럼 가장하면 이것을 확실히 이해할 수 있다. 그렇게 시작하라! 그러나 곧 가장은 역할 연기가 되고, 역할 연기는 구체적으로 투사되어 당신의 마음과 깊은 자아를 열어준다. 결국 역할 연기는 하느님께서 당신과 직접 의사소통하게 만든다(『영신수련』 15번).

기도 자세

우리는 거의 모든 자세에서 기도문으로[3] 기도할 수 있다. 특정한 자세는 특정한 사람들에게 더 도움이 된다. 그것은 마치 특정한 자세가 여느 때보다도 특정한 시기의 기도에 더 도움이 되는 것과 같다. 우리는 다음 기준에 따라서 특정한 자세가 다른 자세보다 더 도움이 되는지 판단할 수 있다.

  − 그 자세가 구하는 은총을 받도록 우리 자신을 준비하는 데 도움이 되는가?
  − 그 자세가 집중하면서도 편안하고 느긋하면서도 존경을 표현하는 데 도움이 되는가?

그러므로 우리는 무릎을 꿇거나 앉거나 서거나 엎드리는 자세도 도움이 되면 취할 수 있다. 기도하기 위해 마음을 열고 느긋할 수만 있다면 걷기도 기도가 잘 되게 도와줄 수 있다. 하지만 걷기는 내면에 주는 불안정한 영향 때문에 종종 마음을 여는 것을 방해한다. 가끔 무릎을 꿇거나 앉거나 서거나 눕는 것은 기도 체험으로 형성된 다양한 분위기에 자신을 맞추는 데 도움을 줄 수도 있다.

일단 우리가 어떤 자세에 적응되었고 기도가 잘 되면 그 자세를 쉽사리 바꾸지 말아야 한다. 몸을 끊임없이 움직이거나 자세를 바꾸는 것은 기도하는 데 필요한 내적 고요를 깰 수 있다. 우리가 원하는 것을 발견하는 동안에는 같은 자세를 유지해야 한다. 지금 끝내겠다는 생각이 들 때까지 같은 자세를 계속 유지하라.

때로는 자세를 바꾸거나 자세를 삼가는 것 둘 다 중요하다. 예를 들면 어떤 사람에게는 특정한 자세가 기도를 방해한다. 또한 교회 및 공동 기도 방의 바닥이나 긴 의자에 눕는 것은 다른 사람들을 방해한다.

기도 회고

기도를 마친 뒤에 기도를 회고하는 것은 도움이 된다. 기도를 돌아보는 것, 즉 회고는 막 끝낸 기도 체험에 대한 성찰이다. 당신은 회고하면서 기도 수련 동안에 일어난 것에 주안점을 두어야 한다. 회고의 주안점은 기도를 끝내면서 떠오른 당신의 생각이라기보다는 마음으로 느껴서 깨달은 것이다. 그것은 마음속의 반응이다. 그러므로 위안, 황폐, 공포, 불안, 지루함, 혐오가 유달리 깊거나 혼란스러웠다면 다음과 같은 질문이 도움될 수도 있다.

— 기도할 때 무엇이 내 안에서 일어났는가?

— 그것에 대해 어떤 기분이 들었는가?

— 어떤 분위기였고, 그것이 어떻게 변했는가? 전반적으로 어떤 기분을 느꼈고, 어떤 생각이 마음에 떠올랐는가? 이끌려서 머물렀던 곳은?

— 하느님과 함께했는가? 아니면 함께하지 않았는가?

— 구하는 은총은 받았는가?

— 다음에 기도할 때 다시 돌아가야 할 부분은?

회고하면서 받은 하느님의 은총에 감사드리고, 부주의했던 것이 있으면 용서를 청하라.

회고는 기도하는 동안 마음속에서 일어난 것을 성찰하게 도와준다. 회고는 내적 반응에 집중하도록 도와준다. 따라서 회고는 우리가 기도할 때 자연스럽게 기도하도록 도와주고, 체험의 흐름을 따라갈 수 있게 도와준다. 당신이 기도하면서 자신을 관찰하면 당신과 하느님 사이의 자유로운 의사소통에 방해받을 수도 있다. 기도할 때 무슨 일이 일어나든 그냥 둬라. 그런 뒤에 성령께서 모든 것을 합하여 뜻하시는 것을 알아내기 위해 바라보라.

회고하면서 이것을 간단히 기록하라. 자신을 일깨웠던 순간이나 체험을 글로 적어라. 그러면 당신은 더 쉽게 다음 기도를 준비할 수 있다. 성령께서 당신이 감동했던 부분으로 돌아가게 당신을 이끌 수도 있다. 성 이냐시오는 충분히 만족할 때까지, 즉 하나의 움직임이 다 끝날 때까지 조용히 거기에 머물러서 묵상했다(지금 충분히 깨달음, 갈등이 해소됨, 위안이 끝남, 무의미해짐). 회고 기록은 영적 길잡이와 기도 체험을 나눌 때도 당신에게 도움을 준다. 게다가 당신은 이렇게 연습함으로써 머지않아 스스로 식별할 수 있게 될 것이다.

회고는 계속되는 기도가 아니다. 또한 앞으로 조금씩 써가는 저술 Progoff journal도 아니다. 회고는 체험을 간직하고 앞으로 나아가는 것이 아니다. 오히려 그것은 앞으로 기도할 때 어떻게 할 것인가를 판단하기 위하여 뒤를 돌아보는 것이다. 그러므로 회고는 깨달음이나 짧은 수필이나 편지를 쓰는 것이 아니다. 회고는 기도 자체와 다르다. 따라서 당신이 기도하던 장소를 떠나서 회고하면 그 차이를 아는 데 도움을 받을 것이다.

반복

반복은 마음에서 일어나는 영적인 움직임을 주목하고 그렇게 함으로써 우리 자신을 자극하여 하느님의 영을 듣게 해주는 중요한 방법이다. 성 이냐시오는 이것을 개인 지도 피정과 일상 기도 모두에 사용하라고 권고한다.

반복은
1. 더 깊이 이해하고자 숙제를 반복하는 것처럼 기도 자료를 되풀이하는 것이 아니다.
2. 새롭거나 다른 것을 알아내고자 같은 기도 내용으로 돌아가는 것이 아니다.
3. 또한 언제나 앞에서 기도했던 모든 자료로 돌아가는 것도 아니다.

반복은 더 큰 위안과 황폐나 영적인 깨달음이 있던 곳으로 돌아가는 것이다(『영신수련』62번). 따라서 유의미한 움직임을 체험한 곳으로 돌아가는 것이지 성경 구절 전체로 돌아가는 것이 아니다. 다른 복음서의 같은 이야기로 돌아가는 것도 아니다. 그보다는 기억나는 체험으로 돌아가는 것인데, 가장 중요한 것은 체험이 일어났던 기도 수련의 요점이나 성경으로 돌아가는 것이다.

반복 예

1. 최후의 만찬에 대해 기도하였다. 회고를 하면서 거양 성체에 마음을 많이 쓰며 시간을 보낸 것을 주목했다. 또한 사람들과 함께 했던 최후의 만찬을 성찰하면서 마음이 불편했음을 발견했다. 다음 기도에서 그리스도와 다양한 사람들에게로 돌아갔다.

2. '요르단 강에서 세례'에 대해 상상으로 기도했다. 기도 후 회고할 때 예수님은 나와 함께 있었으나 내게서 등을 돌리셨기에 슬펐던 부분을 주목했다. 그래서 다음 기도할 때 예수님이 내게서 돌아서신 부분과 슬펐던 부분으로 돌아갔다.

3. 예수님의 공생활 이전의 삶에 대해 기도하고 있었다. 회고하면서 마음을 안정시킬 수 없었던 부분을 주목했다. 즉, 무척 어수선했고 불안했다. 그래서 다음번 기도에서 같은 자료로 돌아갔다.

4. 악에 동조하는 나의 많은 죄에 대해 기도하고 있었다. 그리고 하느님께서는 내게 결정에 영향을 주는 숨겨진 무질서한 경향을 깊이 깨달을 것을 요청하셨다. 지금 이것이 내가 받은 것이다. 회고할 때 성령께서 내게 더 보여주고 싶어 하신다는 것을 감지했다. 그래서 계속 같은 기도 자료로 돌아갔다.

반복은 하느님의 의사소통을 더 주의 깊게 듣도록 도와준다.

첫째, 반복은 영적인 움직임이 일어나게 해준다. 매일 기도와 개인 지도 피정의 목적 중 하나는 내적인 움직임을 식별하는 것이다. 그러므로 반복은 이런 움직임을 허락한다. 주제가 같을지라도 성경 구절을 바꾸어 기도하면 우리는 유의미한 내적 움직임을 쉽게 놓친다.

둘째, 반복은 내적 움직임을 주목하게 도와준다. 우리가 주목하지 못하는 많은 움직임이 기도에서 일어나기 때문에 반복은 내적 반응을 더 분명하게 체험할 시간을 마련해 준다.

셋째, 반복은 우리가 하느님과의 의사소통에 집중하게 한다. 한 번의 기도를 막 끝낸 뒤에 우리가 지금 기도하고 있는 구절을 통해서 하느님께서 더 이상 우리에게 하실 말씀이 없다고 생각하지 말아야 한다. 우리가 옮겨 가기를 하느님께서 원하신다는 것을 알아낼 때까지 같은 자료로 계속 돌아가야 한다. 따라서 반복은 하느님의 의사소통에서 중요하다.

넷째, 반복은 황폐가 위안으로 바뀌는 방법이다. 위에서 언급한 것과 같이 반복은 갈등, 혐오, 불편, 성가심을 체험한 부분에 적용된다. 이러한 체험은 종종 하느님의 영이 더 깊은 곳에서 우리와 대화하기를 원하시고 우리가 저항한다는 사실을 알려준다. 우리가 부정적으로 체험한 부분으로 돌아갈 때 우리는 종종 성령께서 장애물을 없애주시고, 황폐가 어둠에서 빛으로 그리고 저항에서 순종으로 가는 길을 위안에게 내어주는 것을 발견한다. 어둠에서 빛으로 그리고 저항에서 순종으로 가는 길을 내어주는 것을 발견한다.

마지막으로 반복은 거룩하고 하나이며 신비하신 분을 더 깊이 체험하게 도와준다. 이냐시오가 "원하는 것을 발견했던 요점에서 더 나아가려하지 말고 조용히 수련하면서 만족할 때까지 머무를 것이다"라고 썼을 때, 그는 한 번의 기도뿐만 아니라 일련의 기도와 여러 날의 기도를 고려한 것이다. 반복을 통해서 하느님의 신비가 존재의 더 깊은 단계에서 우리의 신비와 만난다. 종종 우리가 반복을 통하여 하느님의 활동을 점점 더 수동적으로 받아들일 때 우리 자신의 활동은 단순해진다. 우리가 반복 기도로 계속 묵상할 때 우리를 당황케 만든 것이 고요해진다.

> 당신은 오로지 무엇을 하고 있었습니까? 아, 나는 그저 하느님을 바라보았고 하느님께서 나를 바라보시게 두었습니다.
> 당신은 오로지 무엇을 하고 있었습니까? 아, 나는 그저 하느님을 사랑했고 하느님께서 나를 사랑하시게 두었습니다.
> 당신은 오로지 무엇을 하고 있었습니까? 아, 나는 그저 하느님을 즐겼고 하느님께서 나를 즐기시게 두었습니다.
> 당신은 오로지 무엇을 하고 있었습니까? 아, 나는 정말 무엇을 하고 있었는지 모릅니다. 나는 그저 하느님과 함께 있었습니다!

개인 지도 침묵 피정 준비

환경은 영성 생활의 일부이고, 영성 생활은 환경의 일부이다. 우리가 기도 자세의 중요성을 다루면서 조화의 원리principle of harmony를 도입했듯이 지금부터 이냐시오 영성에 담긴 이 핵심 원리를 계속 적용하라. 당신은 기도하며 구하고 있는 은총과 하루 전체가 안팎으로 조화를 이루는 데 역점을 두어야 한다. 다음의 제안은 조화를 이루는 데 도움이 될 수도 있다.

1) 잠자리에 누워서 다음 날 기도 수련의 주제, 바라는 은총 그리고 관점을 간략하게 떠올려라. 하느님께 도움과 축복을 청하라.
2) 깨어나자마자 이런저런 생각이 제멋대로 떠오르게 두지 말고 다시 한번 그날의 기도 방향을 떠올리며 하느님께 계속 도와 달라고 청하라. 옷을 입으면서 계속 떠올려라.
3) 기도 수련을 시작하기 바로 전에 앞으로 수련하려는 것을 떠올려라. 잠깐 일어서서 기도문을 바치는 마음으로 돌보시는 하느님께서 어떻게 나를 바라보시는지 잠시 떠올려라. 기도를 시작하기에 알맞은 자세를 갖춰라.

일상 피정 준비

앞의 떠올리며 준비하기는 『영신수련』에서 인용한 것이고, 개인 지도 침묵 피정에 먼저 적용된다. 어떤 사람들은 일상 피정에도 이 지침을 적용하려고 노력한다. 특별한 경우의 외적인 목적이 에너지를 집중하라고 우리에게 요구하는 때를[4] 제외하고 대체로 이 지침은 효과가 없다.

그러나 우리는 위안을 받기 위해 가능한 마음을 많이 열고서 살라고 요청받았기에 언제나 조화의 원리를 적용한다. 바쁠 때도 하느님과 함께 늘 다정하게 걷기 위해 마치 자신에게 모든 것이 달려 있는 것처럼 기도하고, 마치 모든 것이 하느님께 달려 있는 것처럼 일하라! 그러므로 우리는 특별한 경우가 아니거나 피정의 집에서 하는 침묵 피정이 아닌 경우에는 조화의 원리를 적용할 필요가 있다. 다음은 당신의 창의력을 발휘하는 데 도움이 되는 몇 가지 제안이다.

― 기도할 수 있는(의자, 초, 책상 등이 있는) 장소.

— 전화를 꺼 놓아라. 기도 시작 10분 전부터 기도 끝난 10분 후까지 전화기의 선을 빼놓거나 벨 소리를 줄여라.

— 기도에 들어가기 바로 전까지 텔레비전을 보지 마라.

때로는 분위기를 위해서 촛불을 켜거나 창문의 발을 내리는 것도 도움이 될 수 있다.[5]

— 묵상이 자신에게 중요하다는 것을 함께 사는 사람들에게 알려라. 기도 시간과 장소를 양해해 달라고 그들에게 부탁하라.

— 때때로 의식 성찰이나 의식 성찰과 비슷한 것은 기도에 들어가는 데 도움을 준다. 예를 들면 기도를 시작하면서 하루를 돌아보고 하느님께서 어디에 계셨는지 살펴보라. 당신은 어디에서 하느님을 알아챘고, 어디에서 알아채지 못했는가? 강하게 떠오른 것을 하느님께 말씀드려라.

— 당신이 하느님 앞에 있음을 깨닫게 해주고 당신을 조용하게 만드는 향심기도centering prayer를 하며 시간을 보낼 필요도 있을 것이다.

— 당신에게 가장 필요한 은총을 청하고, 어떤 방법을 선택했든 그것으로 시작하라.

— 그 밖에 기도와 조화를 이루면서 살아가게 당신을 도와줄 만한 방법은 어떤 것인가?

보속 이용하기

우리는 하느님께서 우리에게 필요한 은총을 주신다는 희망을 품고 할 수 있는 것을 한다. 우리는 조화의 원리에 따라서 보속penance을 택하므로 보속을 언제나 하느님에 대한 사랑스러운 반응으로 이해해야 한다.

우리는 보속을 내적 보속과 외적 보속으로 나눌 수 있다. 더 중요한 것은 내적 보속이다. 특히 우리는 하느님의 일에 전보다 더 마음 깊이 사랑으로 응답하면서 확실하게 개선하려는 마음으로 죄를 깊이 슬퍼하며 보속할 수 있다.

외적 보속은 선물로 받은 내적 보속으로부터 적절하게 흘러나와야 한다. 외적 보속은 이웃과 하느님을 사랑하지 못했기에 구체적으로 통회하고 결심하기 위해 스스로 극기하거나 적극적으로 자신을 벌하는 행위이다. 그러나 받은 은총에서 외적 보속이 흘러나오지 않으면, 차라리 좋은 뜻이나 진지한 지향에서 비롯된 행위를 보속으로 선택하라. 이런 행위는 은총을 구하는 또 다른 방법이다. 후자의 경우 당신은 영적 길잡이의 조언을 충실히 따라야 한다. 조언이 중요한 이유는 어떤 이에게는 더 많은 보속이 좋은 반면, 다른 이에게는 더 적은 보속이 좋기 때문이다. 당신이 구하는 특별한 은총을 발견하지 못했을 때는 영적 길잡이와 함께 유익한 보속을 찾을 수도 있다. 당신은 스스로 노력해서 하느님의 손에 압력을 가할 수 있다는 생각과 같은 그럴듯한 속임수에 쉽게 빠질 수 있기 때문에 이 시점에서 영적 길잡이의 조언은 매우 중요하다. 언제나 영적 길잡이에게 지속적으로 알려야 하는 또 다른 이유는 다음과 같은 자기기만으로부터 자신을 보호하기 위해서다.

1) '이것은 중세적인 것이야, 나는 충분히 강하지 못해, 그것은 나를 위한 것이 아니야'라고 합리화하거나
2) 부적절한 보속 — 당신은 너무 많이 단식하고 너무 적게 자서 기도하기 힘들고 자신을 허약하게 만든다. 당신은 길잡이와 상의하면 적절한 보속이라는 은총을 하느님으로부터 받을 수도 있다.

다양한 기도 자세와 마찬가지로 보통 청하는 은총을 받고 있다면 자세를 바꾸지 마라. 그러나 어느 때는 보속이 필요해 보인다. 또 다른 때에는 보속이 하느님과의 직접적인 관계에서 잡음을 내기도 한다. 대체로 우리는 진지하게 원하는 은총이나 선물 때문에 외적인 보속을 하지만, 막혀 있거나 막고 있는 우리 자신을 체험한다. 우리는 조화의 원리에 따라서 어느 정도 진지하게 몰두해야 한다.

당신이 찾고 있는 은총(예, 자신의 죄나 지금 특정한 곳에서 일어나는 폭력 때문에 고통받는 예수님의 수난에 대한 깊은 통회)을 체험하고 있다면 이미 체험하고 있는 신비에 더 온전하게 들어가기 위해서 특정한 보속을 하고 싶을 수도 있다.

여가는 바람직한 보속?
─ 우리 시대의 경쟁적인 일 중독자들

예수님과 프란치스코는 아주 짧게 살면서 세상을 변화시켰다. 그들 모두는 성령께 그들을 새롭게 하기 위한 시간을 넉넉히 드리고자 오랫동안 미친 듯이 일하지 않았다. 예수님은 식사하면서 친교를 나누셨고 친한 친구들과 시간을 보내셨으며, 제자들과 기도하셨고 아버지와 자신만을 위한 시간을 마련하셨다. 프란치스코도 여가Leisure를 즐겼고 사도직을 통합하기 위해 기도하는 시간을 가졌다. 성 다미아노와 천사들의 성 마리아[6] 그리고 알베르노산으로 가는 멀고 아름다운 길은 하느님께서 프란치스코에게 친근하게 다가가실 수 있는 환경과 시간을 마련해 주었다.

여가는 우리 삶의 온전함과 거룩함 그리고 사는 방식을 서로 연결해 준다. 지나치게 늦게까지 일하는 것은 가족을 위하는 것 같지만 결국은 배우자와 자녀들에게서 멀어지게 한다. 우리가 살면서 여가를 누리지 못하면 하느님에게서 멀어질 수 있고, 우리 삶에서 성령의 활동에 대한 감각을 잃어버릴 수 있으며, 사실상 그리스도교의 핵심을 잃어버린다.

여가는 삶의 근원ultimate을 만나기 위한 시간과 공간이다. 여가는 하느님보다는 사물로 여백을 채우며 즐거움이나 쾌락을 만끽하는 것과 같지 않음을 마음에 새겨라. 여가는 하느님을 만나게 해주는 행위나 장소, 사람들을 포함한다.

우리의 일과 여가와 놀이 사이에 불균형이 발생하지 않는가? 하느님께서 우리 안에 새로운 영을 창조하시도록 돕고 진정으로 성령을 따르겠다면 다음을 생각해 보라. 다음과 같은 내면의 압력을 주목하라. '바쁘거나 바쁘게 보여야 해, 바쁘다고 말해야 해. 자, 힘을 내자!'

나와 무관한 사람들과 일event 때문에 과로하면서 얼마나 자주 자신을 비난했는지 살펴보라. 자기 자신에게 마음을 써라.

긴장을 풀기 위해 얼마나 자주 여흥entertainment을 즐기는지 그리고 영혼을 재창조하기 위한 여가에 시간을 충분히 배려했는지 주목하라.

하느님을 만나게 해주는 장소, 사람들 또는 활동을 주목하라.

매일, 매 주일, 매월, 매년 여가를 위한 시간을 마련하라. 어쩌면 이 시대에는 우리가 다른 활동보다도 여가 계획에 더 마음을 써야 할 필요가 있을지도 모른다.

여가는 우리 삶에 언제나 꼭 필요하므로 여가를 마음껏 누리자. 나는 여유롭게 일하는 법을 같이 배우자고 여러분 모두에게 지금 요청하면서 때때로 우리가 여가를 더 마음껏 누리며 살아갈 때 느긋하게 일하는 습관이 만들어진다고 생각한다.[7]

어둠의 땅에서

어둠 속으로 펼쳐진 길을 가는 영적 여정을 위한 성찰.
새 세상으로 가기.

한때 거기서…

한때 거기서
당신은 내 뺨에, 내 목에, 내 귀에
사랑의 숨결을 불어주었지만…
지금은, 가버렸다.

한때 거기서 당신은
당신의 뜨거운 손길을 향해 벌리며
기다리는 내 손을 토닥였지만…
지금은, 가버렸다.

적막이
텅 빈 자궁 주위와
그 안에 흐른다.
사라진 당신 죽음의 그림자는
내 생각, 내 마음, 내 영혼을 태운다.

한때 당신은 내 빈 별들을 채우고
내 빈방을 채웠지만
지금은 어둠만 쏟아낸다.
한때 당신은 밤에 분노를 쏟아내며

폭풍 속에 탄식하는 나를 달래줬지만
지금은 어둠만 쏟아낸다.

나는 허무와 칠흑 같은 어둠,
공허한 품에 버려진 갓난아기.

나는 메마른 굴, 끊임없는 소용돌이,
뒤엉킨 파도 가운데 방치된 갓난아기.

한때 그대는 황홀한 전례의 선율에 맞춰
내 앞에서 춤을 추었지만
지금은, 슬픔만 가득하다.
한때 그대는 사랑과 부드러운 존경의 눈길로
나의 영혼을 감싸 주었지만
지금은, 슬픔만 가득하다.

잃어버린 열쇠
잃어버린 문
잃어버린 빛
잃어버린 나
잃어버린 그대

석양의 끄트머리에 서서
그대의 다음 애무를 기다린다.

깨어남

어느 아침
무덤 속 같은 잠에서 깨어나
바뀌어 버린 세상을 발견했다…

두 발로 늘 디뎠던
땅은 어둠을 희미하게 바꾸었다.

매일 내게 결정을 내리게 해준
확고한 믿음과 견고한 추정은…
눈앞에서 증기처럼 사라졌다…

내 생각과 나의 나날을 아우르던
하느님의 이미지는
이제 내 마음속에서
시대착오처럼 보인다…

정겨운 비밀을 다정히 속삭이며
머리를 받쳐주던 폭신한 베개는
침대 머리로 슬그머니 빠져나갔다…
강하게 나를 받쳐주던 기둥들은

40 | 영혼의 길잡이 1

이젠 괴이하게 뒤틀린
걸림돌이 되었다…

의심의 연못에 잠기어
시간의 끝자락으로 나를 묶기 위해
삭아버린 부표 위에 눕는다.
사로잡혀서 무기력하며
뿌리를 뽑히고 뼈를 삭인 채
나는 살았다.

옛날과 새날 사이의 허공에 매달린 채
그리움이 사무치는 한쪽 눈으로 과거를 바라보고
다른 쪽 눈으로 다급하게
앞으로 일어날지도 모를 일을 주시했다.

한 팔로 매우 쉽고 확실한 것에 매달린 채
다른 팔로 싱그럽게 열린 공허를 채울지도 모를
어떤 것을 움켜줬다.

그것이 꼴을 갖추고자
애걸하기 전에
식별한 적이 없는
나 자신 안에 새로운 터를 만들었다.
낯선 땅으로 나를 불러냈던 목소리가

내 마음 깊은 곳에서 떠오른다.
그 소리는 나를 끌어당기며
위험 속에서 성장하라고 말했다.

신성한 교감과 더 심오한 사랑에 대한
약속을 느꼈다.
두려움 없이 나를 불렀던 것을
믿을 수만 있다면…

토마스 머튼의 기도

나의 주 하느님, 내가 어디로 가고 있는지 모릅니다.

내 앞에 길이 보이지 않습니다.

그 길이 어디에서 끝나는지 나는 알 수 없습니다.

진정 나는 자신에 대해서 모를 뿐만 아니라 당신의 뜻을 따르고 있다고 생각하는 것이 실제로 따르는 것이 아니라는 것도 모르고 있습니다.

그러나 나는 당신을 기쁘게 해드리고 싶은 마음만으로도 당신을 실제로 기쁘게 해드린다고 믿습니다. 그리고 나는 내가 하고 있는 모든 것에서 그런 마음을 갖기를 원합니다. 그 희망에서 나를 떼어놓는 어떤 것도 나는 결코 하지 않기를 바랍니다.

그리고 내가 그렇게 한다면 당신은 내가 모르는 올바른 길로 나를 이끌 것임을 압니다. 그러므로 내가 길을 잃고 죽음의 골짜기에 있는 것처럼 보일지라도 언제나 당신을 믿게 해주십시오. 당신이 언제나 나와 함께 하시고 나를 위험에 빠지게 혼자 버려두지 않으실 것이기 때문에 나는 두려워하지 않을 것입니다.

장 피에르 드 코사드의 기도

하느님께서 영혼 안에 머물면, 그 영혼은 어린이같이 된다

영혼이 하느님 안에 머무는 때와 하느님께서 영혼 안에 머무는 때가 있다. 이 두 시기는 서로 어울리지 않는다. 하느님께서 영혼 안에 머물면 영혼은 하느님의 섭리에 온전히 자신을 맡겨야 한다. 하느님 안에 머무는 영혼은 영원한 사랑과 결합하기 위하여 생각할 수 있는 모든 방법으로 자신을 빛내고자 규칙적으로 노력한다. 영혼의 모든 움직임, 읽기, 양심 성찰은 주목되고, 영혼의 길잡이는 늘 영혼과 함께 있다 ─ 모든 것은 잘 관리되고 심지어 말하고 있을 때조차도 그렇다. 하느님께서 영혼 안에 머무르실 때 영혼은 영혼일 뿐이다. 영혼은 하느님께서 주신 매 순간 영혼을 움직이는 원리 외에는 더 이상 아무것도 지니지 않는다. 영혼은 아무것도 알려 주지 않고 이끄는 사람에게 이끌리며 그냥 주어지는 것을 구별하려고 느끼는 어린이와 같다. 영혼은 어떤 책도 받지 못하며, 종종 영적 안내도 박탈당한다. 하느님께서는 영혼을 하느님의 영 외에 아무런 도움도 받지 못하게 만든 채 버려두신다. 피조물에게 잊히고 버려진 영혼이 머무는 곳은 어둠이고 죽음이며 허무이다. 영혼은 언제 어떻게 도움을 받을지 모른 채 궁핍해지고 비참해진다. 영혼은 누군가 다가와서 도와주기를 걱정하지 않고 평화로이 기다리기에 오직 하늘만 바라본다.

하느님께서 영혼 안에 머물면, 영혼은 작은 누에가 된다

따뜻한 은총이 당신을 만들고 부화시킬 때까지 조그만 누에처럼 어둡고 좁은 감옥인 고치 속에 머무른다. 당신에게 주어진 모든 은총의 잎을 먹고 자신을 포기하면서 잃어버린 평화를 후회하지 않는다. 신성한 활동이 신호를 보내면 당신은 하던 일을 멈춘다. 당신은 휴식과 활동과 이해할 수 없는 변태의 반복으로 옛 모습과 방법과 습관을 반드시 버리고, 죽음과 부활의 순환에서 신성한 활동이 명령하는 것을 입어야 한다. 그리고 당신이 하는 것을 느끼거나 보지 못하지만 남몰래 당신의 명주실로 당신을 감는다. 당신이 도달한 상태에 아직 이르지 못한 채 죽은 것처럼 쉬고 있는 동료가 부러워도 스스로 저주할 비밀스러운 움직임을 온몸으로 느낀다. 당신은 그들을 능가했음에도 여전히 그들을 존경한다. (어쩌면 남들이) 자랑스럽게 입는 명주실을 뽑기 위한 자극에 자신을 맡긴다. 결국 당신은 무엇이 될 것인가, 작은 벌레? 무엇이 당신에게 문제가 될 것인가? 한 영혼이 수많은 모습으로 변화될 수 있다는 놀라운 은총이여! 은총이 그것을 어디로 이끌어갈지 누가 예측할 수 있겠는가? 진실로 누가 그것을 미리 지켜보지 않고서야 누에에 담긴 자연의 계획을 예측할 수 있겠는가? 그것에게 필요한 모든 것은 그냥 두는 것이다. 그것이 전부다. 나머지는 자연이 해결한다.

하느님께서 영혼 안에 머물면, 영혼은 어둠의 노래를 부른다
빛 속을 걷는 영혼들은 빛의 노래를 부르고, 어둠 속을 걷는 영혼들은 어둠의 노래를 부른다. 그들은 하느님께서 각자에게 주신 합창과 마지막 소절을 노래하기 위하여 남겨져야 한다. 하느님께서 완성하시려는 것에 어떤 것도 더해서는 안 된다. 그 노래가 가수들을 압도하고 도취시킬 때조차도 신성한 슬픔의 모든 방울은 반드시 흐르게 해야 한다. 예레미야와 에제키엘은 그렇게 행동했다. 그들은 오로지 말없이 울거나 노래했다. 그들은 애가를 계속 부름으로써 유일하게 위로를 받았다. 그들의 눈물이 말라버렸다면 우리는 성경에서 가장 아름다운 구절을 잃어버렸을 것이다. 그들을 실망으로 이끈 성령만이 그들을 위로해 주셨다. 서로 다른 눈물은 같은 원천에서 흘러나온다.

생명의 하느님께서는 이러한 상태에 있는 영혼과 직접 대화하신다. 그러나 하느님은 더 이상 길과 진리로 (앞에) 나타나지 않는다. 신부는 밤에 신랑을 찾는다. 그러나 신랑은 신부 뒤에 있다. 신랑은 손으로 신부를 잡는다. 신랑은 신부를 돌려서 앞에 세운다. 사랑의 창조주는 더 이상 거기에 대상이나 생각으로 있지 않고 원리와 원천이 된다. 자신들의 활동에 더 이상 의존하지 않는 영혼의 모든 필요, 당황, 문제, 혼란, 박해, 불확실성, 의심을 충분하게 다루는 놀랍고도 알 수 없고 비밀스러운 영감이 신성한 활동에 들어 있다. 연극이 더 복잡해질수록 더 재미있는 대단원이 예측된다. '모든 것이 잘되어 갈 것이고, 하느님께서 일을 착수하셨다'고 마음이 알려주기에 어떤 것도 우리를 놀라게 하지 못한다. 두려움 자체와(기억력과 이해력과 상상력을 믿기가 어려워짐) 실망은 이런 어둠을 찬미하는 시다. 그 시의 단 한 마디도 빠뜨리지 않는 것이 우리의 기쁨이다. 우리는 모든 것이 하느님께 영광을 드리면서 끝난다는 사실을 알고 있다. 그래서 사람들은 각자 놀라운 과정을 따르며, 짙은 어둠은 하느님의 지시에 따라서 섬기고, 의심은 오직 확신만 내포한다. 이사악이 희생 제물을 찾기가 어려울수록 아브라함은 더 온전하게 운명을 하느님의 섭리에 맡긴다.

하느님께서 영혼 안에 머물면, 영혼은 융단의 밑바탕처럼 된다
작업의 성공은 신성한 직조자의 손길에 온전히 달려 있다. 하지만 오로지 불성실한 영혼 때문에 잘못될 수 있는 일을 하느님과 영혼이 함께 수행한다.

영혼이 성실할 때, 모든 것은 잘 되는데, 왜냐하면 하느님에게서 오는 모든 것, 곧 하느님의 몫은 성실한 영혼과 정확하게 일치하여 짜이기 때문이다. 하느님의 몫은 반대쪽에서 하나하나 짜이는 융단의 놀라운 조각들의 위쪽과 같다. 융단을 짜는 직공은 자신이 바느질하는 곳과 바늘 밖에는 아무것도 보지 못한다. 융단을 짜는 동안에는 모든 경이로운 아름다움이 괴상해 보일지라도, 전체가 완성되어 제대로 된 쪽이 드러날 때야 비로소 연속해서 채운 점들의 놀라운 모습이 드러난다.

하느님께서 영혼 안에 머물면, 하느님의 사랑은 빛이 나고, 영혼은 불타오르고 아프다

— 제노아의 카타리나

나는 매일 도시의 벽들, 꽤 큰 정원이 있는 집, 거실, 방, 대기실, 어두컴컴한 지하실, 마침내 온통 암흑뿐인 감옥에 갇힌 것처럼 매우 경직된 자신을 발견했다. 손은 묶이었고 발도 족쇄로 채워졌다. 눈은 가려졌고 먹을 것도 없다. 대화할 사람도 없다. 게다가 탈출할 모든 희망은 사라졌다. 이러한 상황에서 사랑과 크신 자비로써 모든 것을 하신 분이 하느님이라는 인식만큼 위로가 되는 것은 없다. 이 통찰은 영혼에게 커다란 만족을 준다. 하지만 만족이 고통이나 억압을 줄이지 못한다.

포기의 기도

― 샤를 드 푸코

오! 하느님,
당신은 나의 어머니시고 아버지십니다.
당신은 내가 상상할 수 있는 그 이상이십니다.
나를 당신의 손에 맡기오니 뜻대로 처리하소서.

당신이 무엇을 하시든지 당신께 감사드립니다.
모든 것에 응답할 준비가 됐고 모든 것을 받아들입니다.
오로지 당신의 뜻이 나와 당신의 모든 피조물에게서 이루어지게 하소서.
나의 모두인 하느님 외에는 더 이상 바랄 것이 없습니다.

당신의 손에 내 영혼을 맡깁니다.
온 마음으로 나를 당신께 드립니다.
당신을 사랑합니다.
하느님, 그러기에 아무런 대가도 바라지 않고
한없이 신뢰하며 나를 당신의 손에 맡기기 위해
나를 드릴 필요가 있습니다.
왜냐면 당신은 나의 주님이고 하느님이시기 때문입니다.

어린이의 기도

- J. 로저 그린우드

이미 세상을 알고 있는 어른이 아니라
세상을 처음 배우는 어린이같이 되어라….
하느님 또는 하느님의 길, 생명, 자신 등등에 관한 것으로
자신을 성가시게 하는 어떤 것도 받아들여라….
그리고 친절한 분께 그것을 가지고 가서
그것의 모든 면을 보여 달라고 하느님께 청하라….
그리고 기도하며 일어나는 모든 것이 자신에게 다가오게 하라…
아무것도 막지 마라.

자신의 생각이 흐르게 하라….
자신의 느낌을 하느님의 손에 맡겨라.
그리고 상상과 기억 속에서
무엇이 일어나든 일어나게 하라….

우리가 간여하지 않기에 이것은 매우 쉬운 기도 방식이다.
우리는 하느님께서 일하시도록 하고 있다.

많은 사람은 이것을 분심이라고 생각하고 있으나,
당신은 삶을 기도에 포함시켜야 한다.
오랜 기간 심지어 몇 달 동안 기꺼이 이렇게 기도하라.

당신은 이렇게 기도를 하면서 헤맬지도 모른다. 그렇다면,
걱정거리를 다시 떠올림으로써 간단히 당신의 중심으로 돌아오라.
그리고 다시 무엇이 일어나든 일어나게 하라.

어떤 일이 일어나기 시작하면 일어나게 하라.
그것이 기도와 더불어 해야 할 아무것도 보이지 않아도
그것이 드러나게 하라.

생명에 관한 세 우화

첫째 우화: 물가에서

옷을 입고 물가로 내려갔다. 빨리 걸었다. 마치 위험이나 죄에서 벗어난 사람처럼 몹시 기뻤다. 아직 일어나지도 않은 앞일을 파헤쳐 알고자 했던 그 날 아침의 경솔했던 내 행동이 갑자기 신성모독처럼 여겨지며 마음에 떠올랐다.

어느 날 아침 나무껍질 속에서 발견했던 고치가 생각났다. 나비는 고치에 구멍을 내고 나오려고 했다. 잠시 기다렸다. 그러나 나비가 나오는 데 너무 오래 걸렸기에 참을 수 없었다. 고치를 따뜻하게 해주려고 몸을 숙여서 숨을 불어 넣었다. 되도록 빨리 따뜻한 입김을 불어주자 눈앞에서 생명보다 빠름이라는 기적이 일어나기 시작했다. 고치가 열리자 나비는 날개가 뒤로 뒤엉켜서 접힌 채 천천히 기어 나왔다. 나비를 보는 순간 무서웠다. 무서웠던 그 순간을 결코 잊을 수 없다. 나비를 향해 고개를 숙이고 입김을 불어서 도와주려 했지만 헛수고였다. 나비는 고치의 껍질을 벗기는 데 시간이 필요했고, 햇빛 아래 반드시 날개를 천천히 펼쳐야 했다. 그때는 너무 늦어버렸다. 숨을 불어서 나비를 강제로 나오게 했는데 너무 일러서 모든 것이 쭈글쭈글해졌다. 나비는 절망적으로 버둥거렸고 몇 초 후에 내 손바닥에서 죽어버렸다.

확언하건대 그 작은 몸은 내 양심을 누르는 가장 무거운 것이 되었다. 왜냐하면 비로소 오늘 위대한 자연의 법칙을 거스르는 것이 중죄임을 깨달았기 때문이다. 서두르지 말아야 한다. 조급해서는 안 된다. 그보다는 확신을 가지고 영원한 흐름에 맡겨야 한다.

새해에 바위에 앉아서 나비를 떠올리며 생각에 잠겼다. 아, 나비가 언제나 내 앞에서 길을 보여주기 위해 나풀거릴 수만 있다면 얼마나 좋을까!

— 그리스인 조르바

둘째 우화: 애벌레 식사법

마치 토시가 손에서 벗겨지듯 바람이 들판을 빠르게 가로질러 가던 길을 되돌렸다. 갑자기 저 밑에서 뭔가 움직이다가 멈췄다. 원을 그리면서 가슴을 내밀은 울새는 움직이는 것을 다시 살피고자 가까이 다가가서 바닥을 훑어보았다. 기어이 먹이를 찾아내서 새끼들에게 주는 것이 울새가 살아가야 하는 방식이지 않은가!

또다시 뭔가 움직였다. 울새는 이번에는 놓치지 않으려고 날쌔게 소리 없이 그것을 덮쳐 앉았다. 그녀는 그것이 벌레임을 알아채고 여유 있게 몇 발자국 떨어졌다. 그녀는 '이 벌레는 나처럼 빠르거나 날쌔지도 않고 날지도 못하네'

라고 생각했다. 그래서 그녀는 움직이는 벌레를 가만히 관찰했다. "알다시피 이런 미물은 어디가 머리고 어디가 꼬리인지 구분하기 힘들어!"라고 혼잣말로 구시렁거렸다.

이내 그녀는 껑충하지만 믿음직한 다리로 벌레 위를 휙휙 걸어 다녔다. 그녀가 뒤에서 몰래 다가가 벌레를 흙에서 막 뽑으려 할 때,

벌레가 "안녕!" 하고 인사했다. 울새는 놀라서 멈추며 (가끔 당신이 외국인에게 말할 때처럼!) "어떻게 네가 말을 다 하냐?"라고 소리쳤다.

벌레가 "너는 어떻게 말을 하니?"라고 되물었다.

울새는 "말하려고 고민하지 않고 그냥 말해버렸지. 그런데 내가 뒤에서 몰래 다가간 것을 어떻게 알아챘니?"라고 물었다.

"네가 하늘에서 덮쳐 앉을 때 너를 속이기로 마음먹었지. 그래서 뒤로 가기 시작했지"라고 벌레가 대답했다.

"그것은 불공평해!"라고 울새가 말했다.

"그럼 뒤로 몰래 다가와서 나를 땅에서 뽑으려고 하는 것은 공평하니? 네가 보는 것이 언제나 보이는 그대로가 아니야"라고 벌레가 되받아쳤다.

울새가 "좋아, 이제 너를 잡아먹겠어"라고 벌레에게 말했다.

"그래, 좋아"라고 벌레가 기꺼이 응답하자 울새는 놀랄 뿐만 아니라 몹시 감탄하면서 "너… 너는 내가 너를 잡아서 새끼들에게 먹이려고 둥지로 갖고 가려는데 아무렇지도 않아?"라고 물었다.

"전혀"라고 벌레가 담담히 대답했다. "하지만 내 반쪽만 가져가 줘"라고 벌레가 부탁했다.

"도대체 왜 반쪽만?"이라고 울새가 외쳤다.

"네가 내 반쪽만 가져가면 나는 다시 크고 강하게 될 수 있어"라고 벌레가 대답했다.

울새가 "그러나 내가 너를 모두 가져가기로 마음먹었다면 정말로 너는 어쩔 도리가 없잖아?"라고 물었다.

"그 점에서는 네 말이 맞아. 그러나 내가 기꺼이 내 반쪽을 네게 준다면, 너도 기꺼이 내가 반쪽만으로 회복해서 살 수 있게 해 줄 것이라고 믿어"라고 벌레가 대답했다.

그레함 개럿트는 여기까지 지은 이야기를 내게 주면서 어떤 식으로든 유용하게 사용하라고 말했다.

여기서 이야기는 여러 가지 방향으로 나아갈 수 있다.

당신이 이야기를 계속 쓴다면 어떻게 마무리 짓고 싶은가?

다음의 이야기가 당신의 마음에 들기를 바란다.

캐런 맥캔치가 이어 쓴 이야기

울새는 "좋아"라고 말하며 벌레의 반쪽을 물고 둥지로 날아갔다. 그녀가 새끼들에게 벌레를 먹이려고 할 때 새끼들이 모두 자기의 몫을 달라고 그녀를 쪼고 짹짹거렸다.

젊은 울새는 '애들이 미쳤구나!'라고 생각하며 둥지의 가장자리로 뛰어올라 새끼들에게 "조용히 해"라고 소리쳤다.

"너희들이 심하게 나를 쪼는 것을 멈추고 내게 숨 쉴 틈을 준다면 각자의 몫을 주겠다"라고 말하고 비로소 울새는 벌레가 자기에게 가르쳐준 것을 깨달았다.

지혜를 구하는 기도

살아계신 나의 하느님의 영이시여,
가난한 이들에게 나 자신을 기꺼이 내줄 수 있는
은총과 힘을 주소서.
그리고 남들에게
다시 온전해질 수 있는 기회를 주기 위하여
그들이 줄 수 있는 것보다 더 많이 빼앗지 않도록
지혜롭고 민감하게 만들어 주소서. 아멘.

(캐런은 혼자서 사랑스러운 두 자녀를 키우는 엄마다. 우리가 이 이야기에
감동한다면 매우 특별한 일이 벌어질 것이다.)

셋째 우화: 사로잡힌 미모

어느 날 확 트인 들길을 걷다가 잔디밭 멀리서 움직이는 뭔가를 발견했다. 가까이 다가가서 보자 그것은 날개를 요란하게 팔랑대는 무척 커다란 제왕나비였다. 나비는 붙잡혀 있었다. 그러나 아름다운 날개로 자기 몸을 누른 채 잡혀있는 나비가 슬프고도 이상했다. 세 개의 긴 잔디 잎은 느슨하게 꼭대기에 연결되어 나비를 감쌌다. 그러나 세 개의 원추형 잔디 잎들은 나비가 공중으로 날아가서 가장 아름다운 날개를 펼럭이는 것을 막고 있었다. 나비가 침착해져서 새장이 느슨해진다면, 나비는 천천히 걸어 나가서 영원히 자유롭게 날 수 있을 것이다.

침착해라 나비야,
너를 붙잡은 것은 너의 아름다움,
아름답고 커다란 너의 날개란다.
침착하게 그리고 천천히 걸어서 날아가라, 날아가라, 날아가라…

— 레이 데스그로사일리어즈, S. J., 1986. 7. 13

너무도 늦게야 당신을 사랑합니다.

언제나 새롭고 아름다운 당신을 이제야 사랑합니다.

내 안에 계셨는데도 밖에서 당신을 찾아 헤맸습니다.

당신이 창조하신 사랑스런 피조물 속으로 추한 이 몸을 던졌습니다!

당신은 나와 같이 계셨는데도 당신을 떠나 있었습니다.

당신 안에 없으면 아무것도 아닌 것에 사로잡혀

당신에게서 멀어졌습니다.

당신은 부르짖고 외치면서 나를 깨우셨습니다.

당신은 비추고 밝히면서 내 눈을 뜨게 하셨습니다,

당신의 향기를 불어넣어 주시자 숨을 쉬게 되었습니다.

이제 당신을 생각하면 내 가슴이 벅차옵니다.

당신을 겪고 느꼈기에 당신이 더 그립고 갈망합니다.

당신의 평화를 열망합니다. 아멘.

— 성 아우구스티노의 기도, 『고백록』 제10권 27장

성경 쓰기 묵상

(1) 하느님의 이름을 붙이고 부르기

묵상을 시작하는 첫 번째 단계는 관상할 성경 구절에서 하느님이 어떤 분인지 성찰하는 것이다. 당신은 하느님을 어떤 이미지나 이름으로 부르며 직접 대화하고 싶은가? 그것은 크신 영, 스승, 치유자, 생명, 빛, 어머니, 고통받는 종, 연인, 친구, 기타 등등과 같은가? 자신이 선택한 이름으로 거룩한 분을 부르면 생각과 느낌이 모이고 함께 있음을 느끼게 해준다.

(2) 내용의 핵심을 서술하기

선택한 구절이 전반적으로 표현하는 것 또는 거기서 일어난 것을 간단히 기록하라. 선택한 구절의 전반적인 분위기나 특성 그리고 핵심 요점을 파악하려고 노력하라.

(3) 상황에 담긴 사연, 배경, 내적 느낌을 더 자세하게 묘사하기

상상으로 자유롭게 장면의 환경과 역사적인 배경을 만들어라. 이렇게 하면 자발적인 느낌과 기억과 연상이 의식적이든 무의식적이든 기도의 일부가 된다. 현실을 존중하라. 그러나 현실을 창조적이고 두려움 없이 자세히 설명하라.

(4) 바라는 것을 청하기

더 깊이 알고 싶은 것은, 자유로워지고 싶은 것은…. 예를 들면 "신성한 친구여. 나의 무지(중풍 병, 바리사이적인 위선, 기타)를 깨닫게 도와주오. 그리고 무지한 나를 치유해주오."

(5) 바라보고 듣기

선택한 구절에 나오는 상세한 주변 배경, 사람들, 이야기, 치유, 용서, 죽음 같은 다양한 면을 주목하라. 그리고 생각과 이미지와 느낌 또한 그 밖의 다른 연상이 스스로 떠오르게 하라. 이야기와 이미지 또는 사건으로 계속 돌아가라. 이것들에 집중할 때 마음에 저절로 떠오르는 것이 있는가? 떠오르는 것을 기록하라. 어느 때 그것들은 분명하고 직접적으로 연결된다. 다른 때 그것들은 더 애매해진다. 판단하지 말고 그것들을 모두 기록하라. 상징적으로 관련된 것을 주목하라. 예를 들면 내 삶에 폭풍이 있나? 나는 어떤 면에서 나병환자나 나자로 또는 눈먼 사람인가? 분석하는 것이 아니라 그것들이 떠오를 때 연상하고 연결하는 것이 중요하다.

(6) 대화하기

하느님의 현존을 느끼거나 상상하며 온전히 마음을 열고 이야기하라. 마음속에 있는 것을 말하라. 그리고 하느님께서 자신에게 말씀하시도록 하라. 때로는 하느님께서 말씀하시게 기회를 드리듯이 하느님께서 자신에게 말씀하시는 것을 상상하는 것이 도움이 될 수 있다. 떠오르는 대화를 있는 그대로 기록하라.

(7) 기억하고 평가하기

기도 수련하면서 마음에서 일어나는 느낌의 변화와 자유롭게 흐르는 생각과 체험을 돌아보라. 그것들을 기록하라. 그러고 나서 묵상 전체를 다시 읽고 읽을 때 떠오르는 감정과 체험 전체에서 느낀 것 또한 기록하라.

체험 쓰기 묵상

(1) 하느님의 이름 부르기

묵상을 시작하면서 지금 하느님을 뭐라고 부르고 싶은지 살펴보라. 지금 당신은 어떤 이름이나 이미지를 체험하는가? 그것은 친구, 연인, 치유자, 스승, 어머니, 창조자, 생명, 빛, 아버지, 바위, 구세주, 고난받는 종, 목자, 거룩한 분, 알 수 없는 분 또는 성경이나 자신의 체험에서 나오는 그 밖의 다른 이름이나 이미지 등과 같은가? 당신이 선택한 이름으로 거룩한 분을 부르면 생각과 느낌이 집중되고 함께 있음을 느끼게 해준다.

(2) 내용의 핵심 서술하기

머물고 싶은 것에 대한 전반적인 설명을 간략하게 기록하라. 마음속에 무엇이 있는가, 무엇을 이야기하고 싶은가···. 예를 들면 당신은 다른 사람과의 관계, 중요한 사건, 분노, 슬픔, 기쁨, 불안, 두려움, 고집, 조절, 용서의 필요성, 고통 등에 집중하고 싶을 수도 있다.

(3) 더 자세하게 상황의 맥락, 배경, 내적 느낌 설명하기

전반적인 그림을 채우기 시작하라. 그 일이 모두 일어난 때는, 그 일이 일어난 곳은, 그때의 기분은, 지금의 기분은…. 당신은 이것을 판단하거나 검열하지 않으면서 자유롭게 해야 한다. '부적절한' 기분을 제외시키지 마라.

(4) 바라는 것 청하기

당신이 알고 싶은 것은, 필요한 도움은…. 예를 들면 "주님, 이 관계를 통찰하게 해 주십시오. 저의 상처와 아픔을 치유해 주십시오."

(5) 떠오르는 것 자체 바라보고 듣기

자신이 바라는 것에 집중한 다음 마음에 무엇이든 떠오르도록 조용히 기다려라. 어떤 이미지, 느낌, 기억 또는 생각이 떠오르는가? 판단하지 않고 떠오르는 대로 기록하라. 계속 원하는 것으로 돌아가고 무엇이든 나타나도록 기다려라. 꼬리를 물어 연상associations하지 마라. 계속 먼저 떠오른 것에 집중하라. 예를 들어 당신은 묵상의 내용을 바퀴로 여길 수 있다. ─ 생각, 이미지 그리고 느낌이 살이 되어 중심에 연결된다. 각 살이 스스로 드러나면, 중심이나 바퀴로 돌아가서 다른 연상이 떠오르기를 기다려라. 어떤 연상은 납득이 가고, 다른 연상은 낯설고 희미하게 보일지도 모른다. 어떤 연상은 나중에 분명해진다. 이때 가장 중요한 것은 판단하지 않고 그냥 떠오르는 대로 생각과 느낌과 연상을 모으는 것이다. 당신은 연결하고 패턴을 읽거나 잘 통찰할 수도 있다. 그러나 그렇게 되지 않는다고 해도 걱정하지 마라.

(6) 대화하기

예수님(또는 하느님, 성인, 선지자)이 자신과 함께하고 있다고 느끼거나 상상하라. 마음을 활짝 열고 서로 대화하기 시작하라. 당신은 기도했던 사람을 포함하면서 도움을 받을 수도 있고, 그들에게 대화를 허락할 수도 있다. 마음속에 있는 것을 말하고, 예수님이나 다른 사람들이 자신에게 말하게 하라. 주고받은 대화를 있는 그대로 기록하라.

(7) 기억하고 평가하기

묵상 중에 일어났던 느낌의 변화나 체험을 돌아보라. 그것을 기록하라. 묵상한 것을 다시 읽으면서 일어나는 감정을 주목하고, 체험 전체에 대한 느낌을 주목하라.

미쳐버림

당신께 미치게 하소서.
주님…
미치고, 당신을 사랑하여,
해와 별들에게로 이끄는 길을 혼자 걸으며
시간을 보내게 하소서.

노래하며 춤추게 하고
당신 팔에서 쉬게 하며
우리가 그냥 머물고 나누며
바람 속을 달리게 하소서.

나 자신이 되게 하고
당신에게 미치게 하소서.
온전히 미쳐서,
당신을 사랑하게 하소서, 주님.

당신의 어둠 속으로 뛰어들게 하소서.
꿈꾸고 만지게 하소서.
눈물 흘리며 웃게 하소서.
당신에게 미치게 하소서, 주여.

온전히 미치고 당신을 사랑하고,
온전히 미쳐, 당신을 사랑하며.

'마치 거기에 있는 것처럼'[8]
― 복음 관상

다음 설명은 『영신수련』 전반에 제시된 이냐시오의 방법을 좀 더 쉽게 이해하도록 도와줄 수 있다. 우리는 이것을 복음 관상Gospel Contemplation, 관상 방법Method of Contemplation, 이냐시오 관상Ignatian Contemplation이라고 부른다. 우리는 이 방법을 예수님의 일생을 다룬 복음으로 진행하는 능동적 상상과 안내를 받는 상상에 사용한다.

다음은 8세기 무렵 이태리 수도원의 아침에 일어났던 일이다. 수사들은 모두 잠자리에서 일어나 수도복을 입고 복도를 따라 가운데 있는 모임방으로 들어갔다. 그들은 한 수사가 독서대에서 요한복음을 읽을 때까지 모임방에 조용히 앉아 있었다. 그 수사는 또박또박 여유 있게 2장 13절에서 22절까지 읽었다. 그는 30~40초 정도 잠시 멈추었다. 그리고 그는 똑같이 또박또박 여유 있게 같은 구절을 다시 읽었다. 그리고 그는 한 30초 정도 멈추었다가 같은 구절을 세 번째 읽었다.

그가 세 번째 멈출 때 몇몇 수사들은 그 구절로 기도하기 위해 자신들의 방으로 돌아가기 시작했다. 다른 수사들도 자신들의 방으로 떠나기 전에 네 번째 낭독과 심지어 다섯 번째 낭독까지 기다렸다.

무슨 일이 일어났겠는가? 반복적인 낭독은 그들의 상상 세계를 복음의 특정한 에너지와 색깔로 물들여 흠뻑 잠기도록 했다. 이런 잠김은 당연히 분심을 줄여주고 생각과 마음을 모아서 기도할 수 있도록 그들을 북돋아 주었을 것이다. 아마도 복음을 듣고 있던 어떤 수사는 이렇게 잠기면서 이야기 속의 특정한 인물이 되었을 수도 있고, 그리스도의 내적 느낌까지도 발견할 수 있었을 것이다. 복음 사건의 신비로운 힘은 기도하는 사람을 사로잡아서 상상과 기억이라는 도구를 통해 과거를 현재로 만들 수 있다. 지금 기도하는 사람에게 드러내시는 예수님의 기억(그리스도의 내적 느낌)은 그 사람의 기억에 영향을 줄 수 있다.

기도를 통하여 예수님 삶으로 들어가는 방법

(1) 짧고 활동적이며 구체적인 구절을 택하라

먼저 복음 중에서 빠르게 움직이고 상세하게 묘사되며 활동적인 구절을 선택하라. 이 방법으로 처음 기도를 시작했다면 우화나 설교가 담긴 내용으로 기도하지 마라.

(2) 긴장을 풀고 하느님 앞에 머물러라

지금 청하고 싶은 특별한 은총을 청하라. 아마도 그것은 예수님을 더 깊이 알기, 더 감동 받기, 상처받은 마음을 치유 받기 등일 것이다.

(3) 선택한 구절을 30초 정도 사이를 두고 여러 번 크게 읽거나 각 독서 사이에 그런 사이를 두어서 복음 속으로 잠기라

주변 여건이 괜찮으면 천천히 해당 구절을 큰 소리로 한 번 읽어라.

그리고 30초 정도 지난 뒤 구절을 눈으로 읽으면서 상상으로 장면이 펼쳐지게 하라. 두 번째 소리를 내어 읽으면서 처음 읽었을 때 놓쳤던 세밀한 부분에 주목하라. 다시 30초 동안 구절을 눈으로 읽어라. 새로운 세밀한 부분이 상상 속의 전체 장면에 맞아 들어갈 때까지 계속하라. 당신은 세 번째 읽을 때 첫 번째 읽었을 때보다 더 상세하게 볼 수 있을 것이다. 또한 당신은 뭔가를 통찰하고 질문하며 해석할 것이다. 그리고 모든 잡념이 거의 사라지고 상상으로 복음의 장면이 온전히 펼쳐질 때까지 네 번이나 다섯 번까지도 읽어라.

(4) 성경을 옆으로 밀어 놓고 복음의 장면이 떠오르게 하라

복음의 장면을 진행하려 하지 말고 오로지 그것이 떠오르도록 마음을 모아서 머물러라. 당신은 복음의 장면에 들어가면 당신 자신을 잃어버리고 상황과 하나가 된 기분이 들 것이다. 당신이 예수님이 호수의 폭풍을 잠재우는 이야기를 읽었다고 가정하자. 당신은 폭풍 소리와 배가 흔들리는 것과 노를 잡고 싸우는 사도들을 상상할 수 있다. 당신이 그 상황에 깊이 몰입된다면 배 안에 있거나 노를 잡고 있거나 베드로나 필립보가 될지도 모른다. 당신은 때때로 장면이나 장면의 다양한 사람들 속으로 들어가거나 나오게 될 것이다.

(5) 지금 보이는 장면에 자신이 들어가게 허락하라

가능한 깨어 있고자 노력하면서 수동적이 돼라. 예수님, 베드로, 마리아, 마르타, 요한 등, 각 인물이 실제로 상황을 다루게 하라. 당신은 어떤 방법으로든 지금 눈앞에서 벌어지는 상황의 일부가 되어 사람들과 단순하게 관계를 맺고 들으며 그들의 말에 답하고 또한 대화하고 함께하며 그들의 일을 도와주면서 그들의 활동에 참여하라.

(6) 의무적으로 생각하거나 자신의 상황에 맞추려고 하지 마라

의무적으로 생각하지 마라(예, 나는 베드로처럼 친구들과 같이 있을 때
더 자발적으로 되어야 한다). 또는 신학적인 결론을 내리려고 하지 마라(예,
예수님이 체험했던 세 가지 유혹과 이스라엘 백성들이 겪었던 유혹의 상호 연결
가능성). 영리하게 자신의 상황에 맞추려고 하지 마라(예, 나와 같이 일하고
있는 사람들이 바리사이들과 무척 닮았다는 것에 놀람). 복음의 인물들, 대화
그리고 활동에 집중하면서 온몸으로 감동 받고, 영향을 받아라. 당신은
기도를 끝낸 뒤의 성찰 또는 더 자세히 말하면, 예수님의 생각과 마음이
자신에게 스며들기 시작하는 삼투현상 때문에 당신 삶의 대부분에서
일어나는 영향으로 자신에게 일어난 것을 주목하게 될 것이므로 따로
적용할 필요가 없을 것이다.

(7) 기도를 끝내고 몇 분 동안 기도 중에 일어났던 것을 성찰하며 기도를
회고하라

기도할 때 자신에게서 무슨 일이 일어났는가? 당신은 비록 사소할지
라도 눈에 띄는 것을 발견하였는가? 다음에 기도할 때 다시 돌아가야겠다
고 생각되는 부분이 있는가? 이 시간을 함께해주신 주님께 감사드려라.

거룩한 독서

거룩한 독서(Lectio Divina: 라틴어, lek-see-o de-vee-na)는 그리스도교의 모든 영성 전통에서 만들어진 오래된 기도 방법 중의 하나이다. 때로는 이 방법은 묵상 독서meditative reading라든가 영적 독서spiritual reading라고 번역되기도 한다. 이 방법은 마음으로 듣는 기도Prayer of the Listening Heart라고 부르는 것이 더 바람직하다. 왜냐하면 그것은 이것을 사용했던 그리스도교 초기의 많은 사람이 글을 읽을 줄 몰랐기 때문이다. 고대에는 글을 읽을 줄 모르는 많은 수도자가 이 방법을 늘 사용하였다. 이른바 '렉시오 디비나Lectio Divina'의 '렉시오Lectio'는 마음으로 듣는 것이다. 이것은 우리가 저녁노을을 바라보거나 감동적인 체험을 애호하며 음미할 때처럼 매우 자연스럽고 꾸밈없는 모습과 같다. 우리는 성경의 말씀이나 특별한 말씀을 '맛보고 마시듯이' 느긋하게 천천히 읽을 때 마음으로 듣게 된다. 우리는 마음으로 들을 때 체험이나 글, 사건을 저절로 성찰한다.[9] 우리는 성찰하면서 저절로 반응하고, 때때로 하느님 영의 영향을 받기 위하여 점점 더 마음을 연다.

렉시오 디비나를 독서에 적용하기

단어와 구절이 자신에게 들어오도록 사이사이 쉬면서 천천히 읽어라. 깊이 공감하는 생각에 머무르고, 그것이 온전하게 자신을 뚫고 들어오게 허락하라. 받아들인 말씀을 맛보라. 대화하면서 진실하고 자연스럽게 반응하라.

렉시오 디비나를 기억나는 사건에 적용하기

체험을 다시 회상하고 하느님 앞에서 체험 속으로 들어가라. 당신이 사물의 더 깊은 의미를 발견하거나 더 깊게 이해하거나 사물을 다른 방향으로 보기 위하여 곰곰이 생각하면서 체험에서 비롯된 느낌과 생각이 마음에 떠오르게 하라. 대화할 때 진지하고 자연스럽게 반응하라.[10]

기억 치유

우리는 때때로 자유롭지 못하고, 어떤 일을 참기 힘들거나 용서하기 어려우며, 무섭고, 화가 치밀어 오르거나 이와 비슷한 것을 체험한다. 이럴 때 우리가 아무리 기도하고 무엇을 해도 도움이 안 되는 것처럼 보인다. 먼저 할 일은 문제의 뿌리를 찾는 것이다. 영적 길잡이에게 그것을 자주 이야기하면 매우 도움이 된다. 때때로 우리는 부적절한 기도 생활 때문에 나약하고 자유롭지 못하다. 어느 땐 우리는 진실을 바로 보기 싫거나 일이 제멋대로 흘러가게 내버려 두거나 단련discipline하지 않아서 그렇게 된다. 어느 땐 우리가 너무 바쁘거나 지쳐서 그렇게 된다. 어느 땐 우리가 서로 용서하지 못한 것이 원인이다. 이런 경우 치유에 필요한 것은 기도가 아니라 참회다.

문제의 뿌리가 과거에 있거나 심지어 출산 과정이나 어머니의 자궁에 있는 경우도 있다. 우리가 어린 시절에 너무도 사랑받았고 무척 행복했더라도 우리의 가정은 완벽하지 않았다. 이런저런 때에 사람들과 제도와 조직은 성장하던 우리를 억압했다. 그래서 우리는 불행한 체험 때문에 상처를 입었고, 그중에는 우리가 여러 해 동안 생각하지 않았던 상처가 있다.

과거의 상처를 치유하는 기도 방법이 있다. 때로 우리는 이것을 '기억 치유' 또는 '심리 치유'라고 부른다. 주 예수님은 과거, 현재, 미래의 모든 순간에 존재하기에 그분은 과거로부터 받는 영향조차 변화시킬 수 있다.

얼마 전 공동체의 한 자매가 요셉 보고 "당신에게는 쓰라린 상처가 많다"고 지나가듯 말했다. 요셉은 그때 바빴고, 그 후에도 여러 가지 일로 바빴기에 그녀의 말에 신경을 쓰지 않았다. 때때로 요셉은 그녀의 말이 떠올랐다. 그리고 그는 자신의 목소리가 때때로 날카롭게 변하고 사람들에게 거칠게 대한다는 것을 알게 되었다. 그는 가능한 그리고 지속적으로 용서를 청했다. 마침내 그는 이 체험으로 기도하는 방법을 배우고 기도하며 매우 깊이 치유를 받았다. 다음은 그가 기도를 통해 치유 받은 이야기이다.

마침내 나는 때때로 기도하며 불쾌했던 체험을 치유받았다. 나는 하느님 앞에 가만히 머무르기 시작했고 하느님의 완전한 사랑을 기억하고 치유받기를 원했다. 나는 쓰라린 체험의 뿌리에 나를 데려가 달라고 청했다. 첫 번째 기억이 갑자기 떠올랐다. 나는 고등학교에 입학한 첫날 계단에 앉아 있었다. 나는 12살이었고 작고 뚱뚱했는데 큰 아이들 사이에 있었다. 그것은 25년 동안 생각나지 않았다. 나는 그들의 얼굴이 똑똑히 떠올랐고 이름도 기억났다. 나는 앞으로 지나가는 어떤 신부님에게 "안녕하세요?"라고 인사했다. 나는 그의 미사에서 여러 번 복사를 섰다. 나이 든 상급생들은 사제들을 몰랐다. 그들은 나를 궁지에 빠뜨리고자 놀리기 시작했다. 나는 상처받았고 머리가 뒤죽박죽되었다. 나는 학교에서 친구들과 무척 친하게 지내고 싶었다. 그러나 시작이 매우 안 좋았다. 나는 친구들이 "안녕하세요?"라는 말을 왜 오해했는지 이해할 수 없었다.

나는 애들의 모습이 떠오르자 하나하나 용서하였다. 그리고 나는 상상 속에서 예수님과 함께 그 장면으로 돌아갔다. 나는 예수님을 보자 당황하고 자책하는 그들을 목격할 수 있었다. 나는 예수님이 그들을 용서하시며 더 사랑하고 이해하라며 타이르시는 것을 볼 수 있었다. 그리고 예수님은 자그마한 내게 몸을 돌리시고 내 행동은 이상한 것이 아니며 아이들이 잘못했고 후회해야 한다고 알려 주셨다. 정말로 나는 예수님의 사랑을 느꼈다. 나는 작은 아이가 웃는 것을 보았고 예수님과 함께 회상에서 나왔다. 나는 일주일 동안 기도하면서 그와 같은 체험을 50번 정도 했다. 그리고 나는 더 이상 씁쓸하거나 거칠지 않게 되었다. 하느님을 찬미하라!

이 기도의 핵심은 간단하다.

1. 하느님 앞에 머무르면서 시작하라.
2. 하느님의 사랑과 능력을 청하라.
3. 성령께 지금 자신에게 영향을 주는 과거의 나쁜 체험을 떠올리게 도와달라고 청하라.
4. 그것이 떠오르게 조용히 기다려라.
5. 예수님과 함께 기억 속으로 돌아가서 일어났던 것을 상상으로 재구성하라.
6. 자신을 사랑하고 치유시켜 주신 예수님께 감사드려라.

때로는 당신은 이것을 한 번 이상 시도해야 한다. 당신은 기억 속의 아이나 사람이 예수님의 사랑과 현존을 체험하고 웃거나 행복해짐으로써 치유되었음을 알게 된다.

사로잡힘[11]

그물 같은 거미줄에 휘감긴 채 마비되고
온몸에 혹이 나서 움직일 수 없다.

거미들이 투명한 거미줄로
내 팔과 다리와 마음,
내 생각과 기도와 삶을 감았다.
혼돈 속에 묶인 채 망연자실하여 누워있다.

인간적인 나약함과
내게서 나온 덧없음이
고뇌의 부두에서
엉킨 실타래를 풀려는
나의 허망한 노력을 부추기고 방해했다.

앞을 못 본 채 더듬으며
회오리바람 때문에
꼼짝도 못 하기에 싸울 수 없다.
어쩔 수 없어지면서
무척 피곤해지기 시작한다.

'위험을 무릅쓰는 것은 치유의 증거일 수 있다!'[12]

웃으면 바보처럼 보일 위험이 있다.

울면 예민하게 보일 위험이 있다.

남에게 다가가면 휘말릴 위험이 있다.

감정을 드러내면 진정한 나 자신을 드러낼 위험이 있다.

꿈과 이상을 말하면 잃어버릴 위험이 있다.

사랑하면 사랑받지 못할 위험이 있다.

살고자 하면 죽을 위험이 있다.

희망을 가지면 실망할 위험이 있다.

노력하면 실패할 위험이 있다.

그러나 위험을 무릅써야 한다.

왜냐하면…

인생에서 가장 해로운 것은

아무런 위험도 무릅쓰지 않는 것이다.

위험을 무릅쓰지 않는 사람은

아무것도 하지 않으며

아무것도 갖지 못하고

아무것도 되지 못한다.

고통과 슬픔을 피하면

느끼고, 변화되고, 성장하고, 사랑하며

사는 것을 배우지 못한다.

자기 확신에만 얽매이면

인생을 풍요롭게 살지 못하는 노예가 될 뿐이다.

위험을 무릅쓰는 사람만이 자유롭다.

12단계 성경 기도

1단계: 어쩔 수 없이 중독되어 무기력해진 자신 인정하기

우리는 담을 더듬는 소경이 되었고 갈 길을 몰라 허둥대는 맹인이 되었다. 한낮인데도 황혼 무렵인 듯 발을 헛딛기만 하는 모양이 몸은 피둥피둥한데도 죽은 것이나 다름없구나(이사야 59:10).

로마 7:18-20	내가 하고 싶은 것을 하지 않고 내가 원하지 않는 것을 합니다.
시편 6	나는 고통으로 인해 지쳐버렸습니다. 하느님께서 나의 울부짖음을 들어주셨습니다.
마르코 4:35-41	격렬한 폭풍 속에서 제자들은 도와달라고 외쳤다.
요한 15:1-18	포도나무와 가지들… 나의 아빠는 더 이상 열매를 맺지 못하는 가지들은 베어버리고 열매를 맺는 모든 가지는 잘 가꾸신다.
II 고린토 12:9-10	내 권능은 약한 자 안에서 완전히 드러난다.

2단계: 나를 일깨워 줄 위대한 힘 믿기

하느님, 당신은 나의 하느님, 물기 없이 메마른 땅덩이처럼 내 마음 당신 찾아 목이 마르고 이 육신 당신 그려 지쳤습니다(시편 63:1).

필립비 2:13	여러분에게 당신의 뜻에 맞는 일을 하고자 마음을 일으켜주시고 그 일을 할 힘을 주시는 분은 하느님이십니다.
마태오 14:22-34	바다 위의 폭풍.
마태오 17:20	너희에게 겨자씨 한 알만한 믿음이라도 있다면 너는 산을 옮길 수 있다.
마르코 9:14-29	악령에게 사로잡힌 아이를 고치심. 저는 믿습니다, 제 믿음이 부족하다면 도와주십시오.
시편 34	내게 오시고 마음이 부서진 사람에게 다가오시는 나의 하느님을 찾았습니다.
II고린토 1:9	사형선고를 받았다고 마음으로 느끼게 되자 우리는 죽은 자를 살리시는 하느님을 믿었습니다.
이사야 40:28-31	하느님께서 힘이 빠진 자에게 힘을 주신다.

3단계: 삶과 뜻을 하느님의 손에 맡기기

내가 '다리가 휘청거립니다'라고 말하면 야훼께서는 당신 사랑으로 나를
붙들어 주신다(시편 94:18, 19).

예레미야 29:11-4	나는 너희에게 잘 하여 주려고 뜻을 세웠다. 네가 일편단심으로 나를 찾으면 너희는 나를 만날 것이다.
잠언 3:5-6	마음을 다하여 야훼를 믿어라.
요한 1:12-13	하느님의 말씀을 맞아들이는 사람은 하느님의 자녀가 되는 특권을 주셨다.
마태오 11:28-30	고생하며 무거운 짐을 지고 허덕이는 사람은 다 나에게로 오너라. 내가 편히 쉬게 하리라.
마태오 26:36-46	정원의 번민. 겟세마니의 기도.

마리아의 노래[13]

내 영혼이 하느님을 찬미하오니,

내 구세주인 당신 안에서 내 영이 기뻐합니다!

당신이 나를 아낌없이 축복해주시고

응답하게 만드신 덕분입니다.

당신은 내 작은 세계를 흩으시고

당신 앞에서 나를 가난하게 만드셨습니다.

당신은 모든 나의 계획에서 나를 빼내시고

내가 바라거나 청할 수 있는 것보다도

더 많이 베풀어 주십니다.

당신은 내게 자유로이 한계를 뛰어넘을 수 있는

능력과 기회를 주십니다.

당신은 사랑받고 당신에게 의지하는 힘을 주시기에

내 생애에서 가장 위대한 분임을 손수 드러내십니다.

당신은, 당신의 종인 내 안에서 당신의 나라가

지금 여기서 나타나는 것이 가능하다는 사실을

내게 알려 주십니다.

4단계: 두려워하지 말고 자신의 도덕성 검토하기

우리가 죄 없는 사람이라고 말한다면 우리는 자신을 속이는 것이고 진리를 저버리게 됩니다. 그러나 우리가 우리의 죄를 하느님께 고백하면 진실하고 의로운 하느님께서는 우리의 죄를 용서하시고 우리의 모든 불의를 깨끗이 씻어 주실 것입니다(요한1서 1:8-9).

요한 1서 1:8-10	만약 우리가 죄 없는 사람이라고 한다면 진리를 저버리는 것입니다. 만약 우리가 우리의 죄를 신실하고 정의로운 하느님께 고백하면 하느님께서는 우리를 용서하실 것입니다.
루가 12:1-6	예수님은 위선을 조심하라고 경고하신다. 감춰진 것은 드러나기 마련이다.
야고보 1:19-25	하느님의 말씀을 듣고 실행하십시오. 우리의 화가 생명을 가져오지는 않습니다. 당신의 모든 악한 행위를 멀리하십시오.
골로사이 3:1-10	여러분의 낡은 인간을 벗어버리고 새 인간으로 갈아입으십시오.
예레미야 17:9-10	사람의 마음은 천 길 물속이다.
마르코 14:66-72	베드로의 부인.
갈라디아 6:3-5	사실 아무것도 아닌 사람이 무엇이나 된 것처럼 생각한다면 그는 자기 자신을 속이고 있는 것입니다. 각각 자기가 한 일을 살펴봅시다.
시편 139:1-6	야훼여, 당신께서는 나를 환히 아십니다.

5단계: 하느님과 자신 그리고 다른 사람들에게 잘못을 있는 그대로 고백하기

사람은 자신이 곤경에 빠졌음을 깨달아 제정신이 돌아와서 말한다.

나의 하느님 나는 하늘과 당신께 죄를 지었습니다. 나는 더 이상 당신의 자녀라고 불릴 자격조차 없습니다(루가 15:21).

시편 51:1-5	하느님 나를 불쌍히 여기소서. 당신께, 오로지 당신께만 죄를 지었습니다.
루가 7:36-50	죄 많은 여인이 눈물로 예수님의 발을 씻어준다.
루가 15:11-24	탕자는 자신의 죄를 고백하고 집으로 돌아온다.
루가 18:9-14	바리사이와 세리의 기도 이야기.
야고보 5:13-18	서로를 위해 기도하며 서로에게 죄를 고백하십시오.
시편 32:3-7	아뢰옵지 않으렸더니 내 뼈만 녹아나고 내 죄를 고백하자 하느님께서 나의 죄를 치워버리셨다.

6단계: 쓸모없는 행위를 없애기 위하여 하느님과 함께 잘 준비하기

하느님, 선한 분이여, 나를 불쌍히 여기소서. 어진 분이시여 허물을 말끔히 씻어 주소서. 내 죄 내가 알고 있사오며 내 잘못 항상 눈앞에 아른거립니다(시 편 51:1-3).

시편 5:6-12	하느님, 깨끗한 마음을 새로 지어 주시고 꿋꿋한 뜻을 새로 세워 주소서.
필립비 3:12-14	우리는 예수님께서 우리를 붙잡으신 목적을 붙들 려고 달음질칠 뿐입니다.
로마 12:2	여러분은 이 세상을 본받지 말고 마음을 새롭게 하여 새 사람이 되십시오.
시편 119:10-12	내 마음을 다 찾아 당신을 찾사오니 당신 명령을 떠나지 않게 하여 주소서.

7단계: 단점을 없애 달라고 하느님께 겸손하게 청하기

저는 주님을 제 집에 모실만한 사람이 못 되며 감히 주님을 나가 뵐 생각을 못 하고 있습니다. 그저 한 말씀만 하십시오. 그러면 제 종이 낫겠습니다(루가 7:6-7).

시편 51	모든 나의 죄를 씻어 주소서 나의 주여, 내 입술을 열어 주소서. 입으로 주를 찬양하리다.
시편 25:8-22	하느님께서 죄인인 우리들에게 당신의 길을 가르치십니다.
베드로 5:6-7	여러분의 온갖 근심 걱정을 송두리째 하느님께 맡기십시오.
디도 3:3-7	우리는 종이 되었고 자비로운 하느님께서 성령으로 우리를 깨끗이 씻어서 우리를 구원하신 것입니다.
요한 14:25-15:11	나는 너희에게 모든 것을 가르쳐주실 성령을 보낼 것이다. 나는 포도나무요 너희는 가지다.

8단계: 상처 준 사람들 기억하고 그들 모두에게 기꺼이 보상하기

각자 자기가 한 일을 살펴봅시다(갈라디아 6:4).

루가 6:27-38	원수를 사랑하라. 뺨마저 돌려 대주고 남을 비판하지 않는다. 그러면 너희도 단죄받지 않을 것이다.
루가 19:1-10	자캐오 이야기.
요한 1서 4:11-12	하느님께서 이렇게까지 우리를 사랑해 주셨으니 우리도 서로 사랑해야 합니다. 우리가 서로 사랑한다면 하느님의 사랑은 우리 안에 있습니다.
마태오 6:14-15	우리가 남의 잘못을 용서하면 하느님께서도 우리를 용서하신다.
로마 2:1	결국 남을 판단하는 것은 바로 자기 자신을 단죄하는 것입니다.
마태오 7:3-4	형제의 눈에서 티를 빼내기 전에 먼저 네 눈에서 들보를 빼내어라.

9단계: 그들 또는 다른 사람들에게 해가 되지 않는 선까지 힘껏 보상하기

해질 때까지 화를 풀지 않으면 안 됩니다. 악마에게 발붙일 기회를 주지 마십시오(에페소 4:26-27).

마태오 5:23-24	예물을 제단 앞에 두고 먼저 네가 해를 입힌 사람에게 가서 용서를 청하라.
에제키엘 33:15-16	훔친 것을 갚아 주면 살게 된다.
로마 14:13	형제를 넘어뜨리거나 죄짓게 하는 일은 하지 않기로 결심합시다.
루가 6:35-36	원수를 사랑하고 남에게 좋은 일을 해 주어라. 되받을 생각을 하지 말고 그냥 주어라.
골로사이 3:12-13	따뜻한 동정심을 지니고 서로 인내로 대해주시오. 주님께서 여러분을 용서하신 것처럼 서로 용서해야 합니다.

10단계: 인간성을 계속 살펴서 잘못을 발견할 때마다 즉각 고백하기

서로 도와주고 피차에 불평할 일이 있더라도 서로 용서해 주십시오. 주님께서 여러분을 용서하신 것처럼 여러분도 서로 용서해야 합니다(골로사이 3:13).

에페소 4:22-28	거짓말을 하지 말고 진실을 말하십시오. 해질 때까지 화를 풀지 않으면 안 됩니다.
야보고서 1:23-25	말씀을 듣고도 실천하지 않는 사람은 거울에 비친 자기 모습을 잊어버리는 사람과 같습니다.
로마 12:1-13	여러분 자신을 과대평가하지 말고 분수에 맞게 생각하십시오.
에페소 5:15-16	주어진 기회를 잘 살리는 지혜로운 사람처럼 어떻게 처신해야 할지 조심하십시오.

11단계: 기도하고 묵상하며 우리가 알고 있는 하느님을 정성껏 만나고 우리에 대한 하느님의 뜻을 알며 그 뜻을 실천할 힘을 달라고 기도하기

넘쳐흐르는 영광의 아버지께서 성령으로 여러분의 힘을 돋워 내적 인간으로 굳세게 하여 주시기를 빕니다(에페소 3:16-19).

필립비 4:6	아무 걱정하지 마십시오. 기도하며 여러분의 소원을 하느님께 아뢰십시오.
루가 11:1-13	저희에게 기도를 가르쳐주십시오. 아버지께서 구하는 사람에게 더 좋은 것 곧 성령을 주시지 않겠느냐?
루가 6:40	하느님의 말씀을 듣는 사람은 반석 위에 기초를 두고 집을 짓는다.
마태오 6:6	골방에 들어가서 기도하여라. 숨은 일도 보시는 아버지께서 다 들어주실 것이다.

평온의 기도

— 라인홀드 니버

하느님,
제가 바꿀 수 없는 것을
평온히 받아들일 수 있게 하소서.

제가 바꿀 수 있는 것을
바꾸게 용기를 주시며
이 둘을 구별할 지혜를 주소서.

하루하루 충실히 살게 하시고
한 번에 한순간을 즐기게 하며
고난을 평화로 가는 길로
받아들이게 하소서.

제가 원하는 대로가 아니라
예수님처럼 죄로 물든 세상을
있는 그대로 받아들이게 하소서.

하느님의 뜻을 따르면
하느님께서 사랑으로 모든 것을
바로잡으실 것으로 믿게 하소서.

지금 살면서 적절하게 행복하고
다음 세상에서 하느님과 함께
한없이 행복할 수 있게 하소서.
아멘.

언제나 자비를 베풀기

나를 가르쳐주소서, 주 예수님,

실망, 몰지각한 사람들, 믿었던 사람들의 배신,

의지했던 사람들의 불성실과 같은 뼈아픈 인생사 속에서도

자비를 베풀도록 가르쳐주소서.

다른 사람들을 존경하고자 나의 옳음을 제쳐두고,

때로는 작은 고통과 마음의 아픔을 감춤으로써

다른 이들이 조금이라도 고통을 받지 않게 하소서.

고통을 통해 길을 발견하게 가르쳐주소서.

고통으로 경직되거나 더 비참하지 않고

오히려 고통으로 부드러워지게 하소서.[13]

12단계: 이 모든 단계로써 영적으로 깨닫고 사람들에게 다음 말씀을 전하며 모든 일에서 그것을 실천하고자 노력하기

제가 주님을 사랑한다는 것을 모르실 리가 없습니다.' '내 양들을 잘 돌보아라.'(요한 21:17).

필립비 4:8-9	나한테서 배운 것을 그대로 실행하시면 평화의 하느님께서 여러분과 함께 계실 것입니다.
골로사이 4:5-6	교회 밖의 사람들에게는 지혜롭게 대하며… 언제나 유익한 말을 하시오.
에페소 5:1-2	하느님을 본받는 사람들이 되시고 사랑 안에서 살아가시오.
갈라디아 6:1	여러분은 성령의 지도를 따라 사는 사람이니 궁핍한 사람을 도와주시오.
루가 8:16-18	여러분은 빛이고 소금입니다.
필리비 2:1-18	매사에 예수님께서 지니셨던 생각과 마음을 지니십시오.
갈라디아 5:22-26	성령의 열매.
고린토 1:3-6	우리도 하느님께로부터 받은 위로로 온갖 환난을 당하는 이들을 위로할 수 있게 됩니다. 우리가 위로를 받는 것도 여러분이 위로를 받기 위함입니다.

'안전한' 의식 성찰

치유 기도

치유는 약물 의존chemically dependent과 동반 의존co-dependent, 중독primary addict과 동반 중독co-addict 모두에게 필요한 일생의 여정이다. 마치 매일 조금씩 나아지듯 여정은 자신의 약함을 받아들이면서 시작되고, 새롭게 진실해지고 성장하려 노력할 때 증진된다.

의식 성찰은 수많은 치유 방법 중 하나일 수 있다. 의식 성찰은 성인 아이Adult child(정신적으로 미숙한 성인)나 동반 의존자가 말하기 시작하고 느끼며 믿을 수 있는 '안전한 환경을 마련하게' 구체적으로 도와준다. 다양한 성찰 양식은 역기능dysfunctional 가정의 구성원에게 맡겨진 다양한 역할만큼 다양한 치유에 도움을 준다.

성찰은 기도이다. 그래서 성찰은 은총과 선물을 준다. 우리는 하느님과 우리의 일상을 들으려고 노력하면서 하느님께 수용적으로 다가갈 필요가 있다. 이 점을 소홀히 하면 우리는 주님을 떠나 자기 속에 빠져서 '자기중심적으로' 살 위험이 있다. 조종하지 않으면서 하느님의 지시를 따르고, 주목해야 할 때 주목할 수 있도록 도와달라고 하느님께 청하면서 기도할 때처럼 성찰할 때도 하느님과 대화를 나누며 언제나 다음 모델이 제시하는 과정을 편안하게 진행하라.

첫 단계를 시작하는 사람에게 안전한 성찰

1. 마음을 모아서 하느님 앞에 머물러라. 이것은 느낌에 바탕을 둔 것이 아니라 신앙의 행위임을 명심하라. 당신의 의식과 상관없이 온종일 당신을 돌보며 현존하시는 하느님을 기억하라.
2. 성령의 눈으로 하루를 바라볼 수 있는 은총을 하느님께 청하라.
3. 감사해야 할 것을 보여 달라고 하느님께 청하라. 보이는 것에 반응하고 진실한 느낌과 반응을 나눠라. 감사하기 어려운 것을 발견하였는가? 하느님과 함께 그것을 바라보라.
4. 하느님과 하루를 돌아보면서 나약한 자신을 받아들였던 순간과 저항했던 순간을 보여 달라고 청하라.
5. 하느님께 자신의 느낌을 자유롭게 나눠라.
6. 하느님께서 당신을 사랑하시게 시간을 드려라. 그 사랑에 잠겨라.
7. 당신을 사랑하시는 하느님께 감사드리고 내일을 위해 나약한 피조물인 자신을 받아들이는 은총을 청하라. 구체적으로 말하라.

영웅이었던 아이에게 안전한 성찰

1. 마음을 모아서 하느님 앞에 머물러라. 이것은 느낌에 바탕을 둔 것이 아니라 신앙의 행위임을 명심하라. 당신의 의식과 상관없이 온종일 당신을 돌보시며 현존하시는 하느님을 기억하라.

2. 성령의 눈으로 하루를 바라볼 수 있는 은총을 하느님께 청하라.

3. 감사해야 할 것을 보여 달라고 하느님께 청하라. 보이는 것에 반 응하고 자신의 진실한 느낌과 반응을 나눠라. 감사하기가 어려 운 것을 발견하였는가? 하느님과 함께 그것을 바라보라.

4. 하느님과 함께 하루를 돌아보기 시작하라. 일 때문에 자신을 포 기하고 완벽하거나 조종하려고 했던 곳을 보여 달라고 청하라.

5. 당신의 느낌을 하느님께 자유롭게 나눠라.

6. 하느님께서 당신을 사랑하시게 시간을 드려라. 그 사랑에 잠겨라.

7. 성장해야 하거나 변해야 할 곳을 보여 달라고 하느님께 청하라. 어 떻게 하느님께서 당신을 용서하고 치유하기를 원하시는지 보여 달라고 청하라. 이 변화가 내일 당신의 삶에서 어떻게 일어날까?

8. 내일 하느님의 부름에 구체적으로 응답하고 협력하게 해 달라고 기도하라.

희생양이었던 아이에게 안전한 성찰

1, 2, 3. 영웅이었던 아이와 같다.

4. 사람들의 관심을 받으려 했거나, 특정한 문제나 사람들의 관심 에서 벗어나려고 했던 것을 보여 달라고 청하라. 나머지는 영웅 이었던 아이로 계속하라.

잊힌 아이에게 안전한 성찰

1, 2, 3. 영웅이었던 아이와 같다.

4. 침묵해야 했고 당신이 기여했음에도 말하지 못하였던 것과 자신의 요구를 무시하거나 마지못해 평화를 선택했던 것을 보여 달라고 청하라. 나머지는 영웅이었던 아이로 계속하라.

마스코트였던 아이에게 안전한 성찰

1, 2, 3. 영웅이었던 아이와 같다.
4. 심각한 분위기에서 벗어나려고 농담을 했거나 자신에게 집중했던self-attention 것을 보여 달라고 하느님께 청하라. 나머지는 영웅이었던 아이로 계속하라.

해결사나 관리자였던 아이에게 안전한 성찰

1, 2, 3. 영웅이었던 아이와 같다.
4. 남의 책임을 떠맡은 것, 자신의 필요를 인정하지 않은 것, 다른 사람들이 계속 문제를 일으키게 방치하고 부인하도록 도와준 것을 보여 달라고 하느님께 청하라. 나머지는 영웅이었던 아이로 계속하라.

안전한 성찰/성인 아이를 위한 의식 성찰

다음의 성찰은 회복 중인 사람에게 더 적절하다.

1. 마음을 모아서 하느님 앞에 머물러라. 이것은 느낌에 바탕을 둔

것이 아니라 신앙 행위임을 명심하라. 당신의 의식과 상관없이 돌보시는 하느님께서는 온종일 당신에게 현존하셨음을 기억하라.

2. 성령의 눈으로 하루를 바라볼 수 있는 은총을 달라고 하느님께 청하라.

3. 감사해야 할 것을 보여 달라고 하느님께 청하라. 보이는 것에 반응하고 자신의 진실한 느낌과 반응을 나눠라. 감사하기가 어려운 것을 발견하였는가? 하느님과 함께 그것을 바라보라.

4. 하느님의 영과 함께 성령께서 발견한 유의미한 것에 온전히 집중하면서 하루를 되돌아보라.

5. 1) 비밀로 간직하고 싶은 것에 하느님의 빛을 비추어 달라고 성령께 청하라. 이것을 함께 바라보라. 솔직하게 나눠라.

   2) 당신이 지금 느끼는 것, 하루 중에 유의미한 부분, 느끼고 싶지 않았던 기분을 집중하게 해 달라고 성령께 청하라.

   3) 어떤 상황을 매우 잘 다루었을 때나 다루었던 방법을 기억나게 해 달라고 성령께 청하고 그런 지식을 인식하고 즐길 수 있게 해 달라고 청하라.

   4) 하느님께서 오늘 — 어쩌면 당신 자신, 자신의 기분, 자신의 체험을 믿으라고 초대하시는 것을 보여 달라고 청하라. 또한 하느님과 타인을 신뢰하라고 초대하시는 것을 보여 달라고 청하라. 자유롭고 솔직하게 성령께서 보여주시는 것에 반응하라.

6. 성장하고 변해야 할 부분과 하느님께서 당신을 용서하고 치유하고 함께 축하하기를 원하시는 것을 보여 달라고 성령께 청하라. 내일 당신의 삶에서 이런 변화는 어떻게 일어날까?

7. 내일 특별하게 펼쳐질 하느님의 부름에 응답하고 협력할 수 있
   게 은총을 달라고 기도하라.
8. 어머니나 아버지 또는 친구 같은 하느님 또는 예수님, 성령께서
   함께 당신을 사랑해 주심에 잠시 감사드리며 그 사랑이 자신에
   게 스며들게 하라.

보니 커크가 동반 의존자와 성인 아이에 대한 성찰과 관련된 모든
부분을 만들었다. 그에게 감사한다.

관계 안에서

—카렌 툴-미셸

하느님—당신은, 추워하는 아이를 안아주는 어머니,
배고파하는 아이를 먹여주는 어머니,
무서워하는 아이를 다독여주는 어머니,
우리 가운데 더러 있는 그런 어머니입니다.

하느님—당신은, 재잘거리는 아이를 들어주는 아버지,
자라는 아이를 부드럽게 대할 줄 아는 아버지,
묻고 찾는 아이에게 답하고 끌어주는 아버지,
우리 가운데 더러 있는 그런 아버지입니다.

하느님—당신은, 우리가 밀어낼지라도 항상 곁에 있어 주는 벗,
우리가 자신을 믿지 못할지라도 우리를 믿어주는 벗,
우리가 등을 돌릴지라도 우리를 마주 대해주는 벗,
우리 가운에 더러 있는 그런 벗입니다.

하느님—당신은, 우리가 자신을 심하게 몰아칠 때 장난치는 형제,
우리가 노래 부르기를 잊었을 때 노래 불러주는 자매,
우리에게 위험이 닥쳐올 때 다가와
우리가 혼자가 아닌 것을 알려주는 형제요 자매,
우리 가운데 더러 있는 그런 형제나 자매입니다.

하느님—당신은 이 모두이고 그 이상이십니다.

당신은 우리가 살아가도록 사랑하시는 관계이십니다.

그리고 당신은 '내가 여기 있다'고 말씀하십니다.

하느님, 당신은 우리의 한계를 넘으실 것이기에 감사합니다.

당신은 오시고 또 오십니다!

성모 마리아에 관한 성경 자료

다음과 같이 성모님의 가난한 영에 초점을 둔다.

— '당신의 말씀대로 제게 이루어지기를 바랍니다'라고 응답.

— 여러 번 마음에 간직.

— 파스카의 신비에 참여.

1. 루가 1:26-38

2. 마태오 1:18-25

3. 루가 2:1-38

4. 마태오 2:1-23

5. 루가 2:39-52

6. 마태오 3:13[14]

7. 요한 2:1-12

8. 마태오 10:35-39

9. 루가 14:25-27

10. 마태오 12:46-50

11. 요한 19:25-27

12. 사도 1:12-14

13. 묵시록 12:1-6, 13-17

베드로의 삶에 대한 성경 자료

주안점

— 예수님을 진정으로 관대하게 사랑하는 베드로의 매우 구체적인 나약함.

— 나약한 베드로에 대한 예수님의 사랑과 애정.

— 베드로의 성장 과정:

+ "저는 죄인이니 제게서 떠나가 주십시오"에서

+ "제 발은 결코 씻으실 수가 없습니다"를 거쳐

+ "예수님 때문에 모욕을 받을 때 복되다고 불릴 것"이라며 증언하며 성장.

부름:	루가 5:1-11, 요한 1:37-51
공생활:	마르코 10:23-31; 11:12-25; 13:1-13; 마태오 14:22-33; 16:13-23; 17:1-13; 17:24-27; 18:21-22; 루가 9:28-36; 요한 6:66-69
수난 시기:	요한 13, 마르코 14:26-42, 루가 22:31-34; 22:54-62
부활 시기:	요한 20:1-10; 21장 전체
초대 교회:	사도 1장과 2장; 12:1-17; 10장; 15:1-21
서간:	I베드로 1:3-9; 2:18-25; 3:14-18; 4:12-19; II베드로 1:16-19

예수 그리스도 안에서 성장¹⁵⁾

다음의 7단계 기도는 하느님과 더 깊이 친밀해지는 데 도움을 준다. 준비되었을 때만 다음 단계로 가라.

1단계: 하느님의 현존을 의식하며 긴장 풀기

이것은 자신의 환경에서 사랑의 하느님과 함께 조용히 머물며, 긴장을 풀고 편안해지는 단계이다. 할 수 있는 기도를 하라. 할 수 없는 기도를 하지 마라. 늘 하던 염경 기도를 하거나 천천히 기도하라. 다음 성경 구절 중 하나 또는 다른 것을 택해서 곰곰이 생각하거나 성찰하거나 궁금해하거나 깊이 생각하며 머무르든 간에 어떤 것이든 자신에게 맞게 기도 자료를 사용하라. 때때로 사랑이신 창조주께 예수 그리스도의 이름과 성령의 도움으로 깊게 믿게 해 달라고 청하라. 도움이 된다면 집 밖에서 하고 잠도 충분히 자라.

시편 62; 63; 91; 103; 131; 요한 14장-16장; 이사야 55; 마태오 6:26; 루가 11:1-13

2단계: 기도 배우기, 듣는 사람이 되기, 열심히 수련하기

여기서 당신은 기도에 관한 성경의 가르침을 깊이 숙고할 수 있다. 하느님의 말씀을 더 잘 듣는 태도와 습관을 지니도록 가르쳐 달라고 하느님께 청하라.

마태오 6:5-14	요한 14:26
마태오 7:7-11	요한 7:37
루가 10:21-22	I사무엘 3:10
루가 10:38-42	시편 46:10
루가 11:1-13	시편 131:2
루가 14:13	시편 23
	이사야 55:11

당신에게 적절한 매일의 기도 생활 리듬은?

당신은 지금 당신과 함께하시는 하느님의 말씀에 마음을 더 잘 열기 위해서 기도하지 않는 시간을 어떻게 활용해야 할 것인가? 예를 들어 운동, 잠, 자연과 만나기, 침묵, 느긋하게 걷기, 성찰 등등.

3단계: 가까이 계시면서 보살피시고 매 순간 함께하시는 하느님을 의식하며 성장하기

하느님께서는 신성한 친구이고 부모이며 우리의 상상을 초월하는 분이시다.

이 기도 단계에 관한 성경 자료:

시편 139:1-18, 이사야 43:1-5, 시편 23, 호세아 11:1-4, 시편 121

기도를 시작할 때마다 가까이 계시는 하느님께 믿음을 표현하라. 우리를 보살피시는 하느님을 깊이 인식하게 해달라고 청하라. 위의 성경 본문을 사용하여 자신의 체험으로 성경 구절에 담긴 진실을 확인하라.

지난 몇 년을 돌아보며 하느님을 가까이 느꼈던 순간을 찾아보라.
하느님을 가까이 느끼지 못했던 순간이 있었는가?
지금 일어나는 느낌과 생각을 표현하면서 하느님과 대화하라.

다음의 독서는 기도 사이에 도움이 될 수도 있다.

요한 14;15-20, 25-28; 로마 8:26-34; 이사야 54:5-10; 묵시록 21:1-7; 신명기 32:10-11; 시편 145

4단계: 피조물인 자신을 알고 받아들이며 성장하기

하느님께 청하는 현실적인 필요와 은총에 의지하면서 당신은 창조되었고 사랑받고 있음이 뜻하는 다음의 하나 또는 다른 측면을 곰곰이 생각해 볼 수 있다.

1) 위대하고 거룩하신 하느님

2) 부족하고 의존된 자신 받아들이기

3) 가진 것은 모두 받은 것이고 자신도 받은 것임 깨닫기

4) 우리와 친밀한 관계를 맺기 원하시는 하느님

또는 1) 하느님, 거룩하신 분: 이사야 6:1-9; 시편 8

2) 우리의 나약함: 지혜서 11:21-26; 이사야 45:9-12

3) 모든 것은 은총이다: I고린토 4:7; 마태오 20:1-16

4) 우리와 관계 맺기를 바라시는 하느님: 요한 20:11-18; 이사야 43:1-5

당신이 분노하는 자신의 운명은 어떤 것인가? 당신이 하느님이라면 세상의 일을 어떻게 처리하겠는가? 그 또는 그녀에 대한 당신의 구체적인 느낌을 하느님께 잠시 표현하라. 그리고 그 또는 그녀가 당신을 어떻게 느끼는지 표현하면서 하느님의 말씀을 잠시 조용히 들어라. 다음의 독서는 기도 사이에 도움이 될 수도 있다.

1) 시편 19, 104; 골로사이 1:15-20; 출애굽 3:1-6

2) 욥 38:1-40:5; 예레미야 18:1-12; 창세기 1:26-2:17

3) 요한 15:1-17; 에페소 2:4-10; 로마 12:3-8; 마태오 25;14-30

4) 요한 13:1-9; 신명기 7:7-8, 32:10-11

5단계: 치유가 필요함을 깨달으며 성장하기

마르코복음 8:22-26절의 예수님이 맹인을 치유하시는 부분을 읽어라. 기도하는 마음으로 이야기를 읽으면서 장면을 상상하고, 자신의 삶에 비추어 예수님과 맹인의 이야기에 담긴 의미를 찾아보라. 시간이 되는 만큼 이것을 실행하라. 마친 뒤에 다음의 질문에 답하는 것이 도움이 될 수 있다.

1. 다음 문장을 마무리하라

1) 나 자신이 예수님이 다가오는 소리를 들은 그 맹인이었다면… 했을 것이다.

2) 그분이 손으로 내 눈을 만질 때…

3) 예수님을 처음 본 순간은…

2. 나는 다음과 같은 그 맹인의 기분을 느낄 수 있다

1) 희망 2) 신뢰 3) 깨달음이 일어남 4) 온전한 자유

3. 내가 그 맹인으로 치유를 받았고 예수님이 내게 아무에게도 말하지 말라고 했다면, 나는

1) 비밀을 지키려고 애쓰다 보니 거의 폭발할 지경이 됐을 것이다.

2) 약속을 어기고 마을에 가서 어떻게든 말했을 것이다.

3) 사람들에게 알려지도록 다른 방법을 찾았을 것이다.

4) 내게 일어난 모든 것을 잊었을 것이다.

4. **맹인이었던 체험이 현재 나의 영적인 상태를 보여준다면, 나는**

1) 완전히 깜깜한 상태

2) 도움을 청하는 상태

3) 겨우 보기 시작한 상태

4) 매우 분명하게 보는 상태

5. **나의 삶에서 예수님의 치유가 필요해 보이는 부분은?**

6. **예수님이 함께 있다고 상상하고 치유가 필요한 자기 삶에 대해 예수님과 대화를 나눠라.**

7. **커다란 종이에 지난 몇 년간의 영적 여정에서 높은 상태와 낮은 상태를 보여주는 그래프나 상징을 그리거나 도안하라.**

추가 수련

예수님이 치유하시는 다음의 성경 구절 중 몇 개를 택하라. 한 번에 하나를 택하여 상상으로 이야기 속의 장면drama이 떠오르게 시간을 충분히 가져라. 당신은 말씀을 더 구체적으로 체험하면서 장면으로 들어가고 싶을 수도 있다. 감동이 일어나면 예수님과 이야기를 나눠라.

루가 4:33-44; 8:40-56; 17:11-19; 마르코 10:46-52; 요한 5:1-15

6단계: 인류를 사랑하시는 예수님을 사랑하며 성장하기

내가 예수님을 온전히 믿을 수 있으려면 예수님과 사랑에 빠질 필요가 있다. 나는 예수님을 사랑하는 데 도움이 되는 자료를 선택하기 전에 지금 필요한 것이 무엇인지 더 분명히 성찰해야 한다. 나는 나의 약점을 받아들이거나 용서하고, 남을 더 깊게 신뢰하고 동정하며, 실패를 수용하면서 성장할 필요가 있는가? 지금 내가 느끼는 이런 필요를 통해서 다음 중에서 하나 또는 여럿을 선택할 수 있다.

기도할 때마다(약할 때나 용서받을 때나 동정받을 때나 실패할 때나 신뢰받을 때나) 예수님을 더 사랑하고 더 가까이 따를 수 있도록 그분을 깊이 알게 해달라고 하느님께 청하라.

1. 우리를 위해서 나약해지신 예수님 바라보기

● **기도 자료**

루가 2:1-12; 4:1-13; 22:39-46

● **보조 자료**

히브리 4:14-16; 5:7-9; 필리비 2:1-11; II고린토 4:6-15; 12:1-10; 로마 8:26-27

2. 언제나 용서하시는 예수님 바라보기

● **기도 자료**

루가 7:36-50; 19:1-10; 요한 8:3-11

- 보조 자료

루가 11:1-4; 15; 23:32-43; 마태오 18:21-35; I고린토 13

3. 언제나 자비하신 예수님 바라보기

- 기도 자료

요한 2:1-11; 13:1-17; 마태오 14:13-21

- 보조 자료

II고린토 1:3-7; 2:5-11; 루가 22:24-32

4. 실패를 받아주시는 예수님 바라보기

- 기도 자료

루가 4:16-30; 17:11-19; 마태오 11:28-30

- 보조 자료

루가 9:23-27; 24:13-35; 마태오 5:3-12; 16:21-23

5. 나를 믿고 부르시는 예수님 바라보기

- 기도 자료

마태오 14:22-33; 15; 21-28; 요한 20:24-29

- 보조 자료

루가 11:5-13; 12:13-34; 18:18-27; 마태오 6:19-34; 필립비 4:4-9; 로마 8;
14-17, 26-39

7단계: 일상에서 하느님과 함께 걸으며 성장하기

사람아, 야훼께서 무엇을 좋아하시는지, 무엇을 원하시는지 들어서 알지
않느냐? 정의를 실천하는 일, 기꺼이 은덕에 보답하는 일, 겸손하게 하느님
과 함께 살아가는 일 그 일밖에 무엇이 더 있겠느냐?(미가 6:8)

(하느님: '하', 그리스도인: '그')

하: 우리 함께 걷자, 너의 하느님과 겸손하게 걷자(미가 6:8).

그: 주님, 당신은 나를 환히 다 아십니다. 내가 앉아도 아시고 서
있어도 아십니다. 앞뒤로 나를 보호하시고 당신의 손 내 위에
있사옵니다(시편 139:1-18).

하: 두려워 마라, 내가 너를 지명하여 불렀으니, 너는 내 사람이다.
네가 물결을 헤치고 건너갈 때 내가 너를 보살피리나… 네가
불 속을 걸어가더라도 그 불길에 너는 타 버리지도 아니하리라.
왜냐면 너는 눈에 넣어도 아프지 않을 나의 사랑이다…내가
너를 점지해 주기 전에 나는 너를 뽑아 세웠다. 내가 너를
자궁에서 만들기 전에 너를 알았다… 나는 너를 모든 나라의
예언자로 삼았다(이사야 43:1-5; 예레미야 1:5).

그: 그러나 야훼 나의 주님, 보십시오. 나는 아이라서 말을 잘 못
합니다(예레미야 1:6).

하: 아이라는 소리를 하지 마라. 내가 너를 누구에게 보내든지
너는 가야 하고, 무슨 말을 시키든지 하여야 한다. 사람을 두려
워하지 마라. 내가 늘 옆에 있어 위험할 때면 건져 주리라(예레
미야 1:7-8).

그: 큰일 났구나. 이제 나는 죽었다. 나는 입술이 더러운 사람, 입술이 더러운 사람들 틈에 끼어 살면서 만군의 야훼, 나의 왕을 눈으로 뵈었구나(이사야 6:5).

하: 우리의 죄를 그대로 묻지 않으시고… 우리의 잘못을 그대로 갚지 않으신다. 높기가 땅과 하늘에 비길 수 있고, 경외하는 자에게는 그 사랑 그지없으시다(시편 103).

그: 나는 당신의 말씀으로 매우 혼란합니다. 이것이 어떻게 이루어질 수 있습니까?

하: 두려워 마라… 성령이 너에게 내려오시고 지극히 높으신 분의 힘이 감싸 주실 것이다… 하느님께서 하시는 일은 안 되는 것이 없다(루가 1:26-35).

그: 이 몸은 주님의 종입니다. 지금 말씀대로 나에게 이루어지기를 바랍니다(루가 1:38).

하: 네 십자가를 지고 나를 따라라… 사람의 아들은 반드시 많은 고난을 받고 죽었다가 사흘 만에 다시 살아날 것이다(루가 9:22-23).

그: 그러나 나는 약합니다… 나는 여전히 잘못과 한계를 지니고 있습니다. 내 몸에 박힌 가시를 빼내어 주십시오(II고린토 12:7-8).

하: 너는 이미 내 은총을 충분히 받았다. 내 권능은 약한 자 안에서 완전히 드러난다(II고린토 12:9).

그: 그리스도를 알고 그리스도의 부활의 능력을 체험해 보게 해 주십시오(필립비 3:10).

하: 네가 약해졌을 때 오히려 강해지기 때문에 너는 내 아들 예수를

위해서 약해지고 슬퍼지는 것에 만족할 것이다(II고린토 12:10).

그: 예수님을 참으로 알도록 내게 영적인 지혜와 통찰력을 주시어 … 마음의 눈을 밝혀주시고 당신이 나를 부르신다는 강한 희망을 알게 해 주소서(에페소 1:17-18).

하: 내 힘은 네 안에서 힘차게 활동하고… 네가 바라거나 생각하는 것보다 그것은 훨씬 더 풍성하게 될 것이다(에페소 3:20).

그: 그리스도 예수님을 통하여 세세 무궁토록 영광을 받으시길 빕니다. 아멘(에페소 3:21).

메리 스튜어트의 기도

오! 하느님,

우리가 사소한 것에 마음 쓰지 말게 하소서.

생각이나 말이나 행동을 크게 하게 하소서.

헐뜯기를 멈추고 이기심에서 벗어나게 하소서.

겉치레를 버리고 자기 연민이나 편견 없이

서로 직면하게 하소서.

성급하게 판단하지 말게 하시고

언제나 너그럽게 하소서.

여유를 가지고 모든 일을 처리하게 해주시고

침착하고 고요하며 부드럽게 만들어 주소서.

더 힘차게 행동하도록 가르쳐주시고

솔직하고 두려워하지 않게 가르쳐주소서.

사소한 것으로 불화가 생기니

커다란 것을 통해 우리가 하나임을 깨닫게 해주소서.

오! 주 하느님 그리고 친절을 잊지 않게 하소서. 아멘.

하느님과 함께하기[16]

주제 1: 보살피시는 하느님께 깊은 신뢰와 믿음

- **기도 자료**

이사야 43:1-7	너는 내 눈에 넣어도 아프지 않다.
루가 12:22-31	들에 핀 백합.
시편 23	야훼는 나의 목자.
시편 91	내 피난처, 내 성체이신 하느님을 나는 믿습니다.

주제 2: 용서하고 싶은 열망을 보살핌으로 표현하시는 하느님

- **기도 자료**

시편 103	하느님의 친절은 하늘처럼 높고 땅처럼 넓도다.
마태오 23:37	예루살렘아, 예루살렘아, 내가 몇 번이나 네 자녀를 모으려 했던가.
루가 19:1-10	세관장 자캐오.
요한 8:3-11	예수님과 간음한 여인.

● **참조 독서**

루가 15; 호세아 11:1-9; 요한 20:19-29; I요한 1:5-2:2

주제 3: 나의 구세주인 예수님을 이해하기

나는 분명히 죄인이고 무기력하기에 예수님은 나의 구세주가 되실 수 있다.

● **기도 자료**

로마 7:14-25, 5:6-11	그리스도는 우리를 위해 죽으셨는데도 우리는 여전히 무기력을 체험한다.
요한 13:1-9, 12-17	예수님이 제자들의 발을 씻어 주신다.
루가 23:32-46	예수님이 십자가 위에서 돌아가신다. 오늘 네가 정녕 나와 함께 낙원에 들어가게 될 것이다.
에페소 2:1-10	여러분이 구원받은 것은 하느님의 은총을 입고 된 것으로… 그것은 하느님의 선물입니다.

● **참조 독서: 우리와 관계 맺으시는 예수님의 다양한 방법**

요한 10:7-18; 21:15-17; 갈라디아 2:19-21; 4:1-7; I디모테오 1:12-17; 히브리 4:14-5:10; 에페소 2:11-22

주제 4: 약하고 소심한 우리 각자를 부활하신 주 예수님의 능력으로

자유로워지라고 부르시는 하느님

● **기도 자료**

루가 5:1-11	베드로를 부름.
II고린토 12:1-10	내가 약해졌을 때 오히려 나는 강해진다.
창세기 22:1-19	아브라함과 이사악.
예레미야 1:4-10	예레미야를 부름.

● **참조 독서**

이사야 6:1-8; 49:1-7; 루가 1:26-55; 18:18-34; 히브리 11; 필립비 3:7-16

주제 5

● **구할 은총**

예수 그리스도를 더 잘 알고 사랑함으로써 파스카 신비를 다시 체험할 수 있게 해달라고 청하라.

● **기도 자료**

필립비 2:1-18	예수 그리스도가 지니셨던 마음을 여러분도 간직하십시오. 당신이 무엇을 성취하게 하거나 당신의 마음을 일으켜주시는 분은 하느님이십니다.
마태오 3:13-4:11	위로와 약함 속에서 자신을 드러내시는 예수님의 유혹과 세례.

루가 9:28-36, 43-45	변모 사건과 수난 예고.
마르코 8:27-38;	사람들이 나를 누구라고 하더냐? 죽었다가 살아
10:35-45	난 첫 예언자 꾸지람 당한 베드로; 십자가의 원리.
	수난에 동참하라고 부름받음.

● **참조 독서**

마태오 26:17-46; 루가 9:23-27; 로마 8:18-39; II고린토 6:4-10; 골로사이
1:24-29; 필립비 3:1-7

주제 6

● **구할 은총**

　예수 그리스도를 더 깊이 알고 사랑함으로써 파스카 신비를 다시
체험할 수 있게 해달라고 청하라.

● **기도 자료**

요한 19:17-34	십자가형.
루가 9:23-62	제자의 자격 조건.
루가 24:13-35	엠마우스에서 나타나신 예수님.
요한 20:19-23	다락방에서 제자들에게 나타나셔서 성령을 주시
	는 예수님.

● **참조 독서**

요한 17; 골로사이 1:15-23; II고린토 1:3-7; 에페소 1:17-23; 3:14-21; 로마
12:3-8; I고린토 12:12-31

영신수련 준비

영신수련 준비에 필요한 개략적인 요점은[17] 다음과 같다.

1) 영신수련 안에 포함되고 추정되는 신학적 진실에 근거한 주제, 여기에 제시된 지시와 성찰.
2) 이와 같은 주제에 근거한 기도 자료.
3) 영신수련에서 사용되는 다양한 방법론과 시도를 위한 주제.
4) 이러한 사실에 바탕을 두고 성찰하기 위한 성경 자료.

영적 진실 1

하느님께서 우리를 보살피고 사랑하신다. 하느님께서는 가까이 계신다. 하느님의 진실하고 거짓된 이미지.

● 방법

기도는 듣고, 고요히 머물며, 놓아주고, 집중하며, 하느님의 거짓이미지와 기도의 거짓 이미지로부터 벗어나는 행위이다.

● 청할 은총

가르치고 길들이며 보살펴 주시는 하느님께 대한 깊은 확신과 믿음.

● 기도 자료

루가 11:1-13	기도하는 법을 가르쳐주소서… 하늘에 계신 나의 아버지께서야 구하는 사람에게 더 좋은 것 곧 성령을 주시지 않겠는가.
루가 12:22-31	들에 핀 백합.
에페소 3:14-21	바오로의 기도… 하느님께서 성령으로 여러분에게 힘을 주시어 내적 인간으로 굳세게 하여 주시기를 빕니다.
요한 14:15-29	내 아버지께 청하여 다른 협조자신 성령을 너희에게 보내 주겠다.

시편 23; 89:1-35; 91; 이사야 25; 로마 8; I데살로니카 2자료13-3:5; I요한 4:7-5:4; 히브리 4:12-16; 루가 8:4-15

영적 진실 2

하느님께서는 사랑스럽게 관계를 맺으며 당신 자신을 우리에게 주신다.

● 방법
기도 방법—기본적으로 성경을 사용하는 기도, 대화로 하는 기도, 바라보기, 준비, 자세.

● 청할 은총
우리와 직접 관계하시는 하느님께 대한 놀라움.

● 기도 자료

이사야 43:1-7	눈에 넣어도 아프지 않을 정도로 사랑스럽다.
호세아 11:1-9	이스라엘이 어렸을 때 나는 그들을 사랑하였다.
요한 3:16-17	하느님께서 세상을 몹시 사랑하셨기에.
로마 8:26-35	성령께서는 연약한 우리를 도와주십니다. 하느님께서는 어떤 것도 거부하시지 않을 것입니다.

신명기 1:29-33; 7:7-11; 8:5-10; 11:10-17; 32:10-11; 이사야 54:5-10; 55;

시편 145; 에페소1:3-14; 야고보 1:17-18

영적 진실 3

하느님께서는 우리를 창조하신다. 초월성, 피조물성 체험.

● 방법

각 기도 수련, 내적이고 외적인 침묵, 첨가 사항, 장소, 기도 횟수, 은총의 필요성.

● 청할 은총

자신이 사람이라는 진실에 대한 깊은 놀라움과 경외심.

● 기도 자료

시편 8	창조주의 아낌없으심. 우리를 생각해 주시는 당신은 누구십니까?
시편 139:1-18	오! 하느님, 당신은 나를 살피시고 아십니다.
욥기 1:21	나는 벌거벗고 태어난 몸이다.
욥기 38:1-40:5	욥은 하느님의 지혜 앞에 머리를 숙여야만 했다. 내가 우주를 만들 때 너는 어디에 있었느냐?

창세기 1:24-2:3; 사무엘 상 3:1-10; 다니엘 3:51-90; 이사야 45:9-13; 지혜서 11:21-27; 13:1-9; 예레미야 18:1-12; 출애굽 3:1-6; I고린토 4:1-5

영적 진실 4

하느님께서는 용서하길 바라신다. 개인과 공동체의 모든 역사는 구원의 역사이다.

● 방법
기도 회고, 반복 기도, 회고와 반복 기도의 관계, 만족할 때까지 구절에 머물기.

● 청할 은총
간절하게 용서하길 원하시는 하느님께 대한 깊은 인식.

● 기도 자료

시편 103	아무리 높은 하늘도 위대하신 하느님의 사랑보다 못하다.
루가 15:11-32	탕자.
마태오 23:33-37	암탉이 병아리를 날개 아래 모으듯이 내가 몇 번이나 네 자녀를 모으려 했던가.
요한 20:19-23	예수님께서 그들에게 숨을 내쉬며, '누구의 죄든지 너희가 용서해 주어라…'

출애굽 19:1-8; 에제키엘 11:18-21; 루가 7:36-50; 요한 8:3-11; 1요한 1:5-2:2

영적 진실 5

예수님은 나를 직접 구원하길 원하신다. 나는 나 자신을 구원할 수 없다.

● 방법

의식 성찰 ─ 날마다 어떻게 의식 성찰할 것인가? 형식보다는 체험에 더 중점을 두라. 이것은 내적 움직임을 주목하는 의식 수련consciousness exercise 또는 인식 수련awareness exercise이다. 이것은 자신이 협력한 악과 지은 죄를 발견하게 도와주는 양심 성찰과 다르다. 의식 성찰Examen of Consciousness 은 기도를 회고하듯이 매일 회고하는 것이다. 이것은 영적인 움직임에 관한 것이다.

● 청할 은총

나의 유일한 구원자이신 예수님에 대한 더 깊은 인식.

● 기도 자료

로마 7:14-24	내가 바라는 것은 할 수 없다.
1디모테 1:12-17	그러나 내게 자비를 베푸시어 ─ 그리스도께서 죄인들을 구원하러 세상에 오셨다.
갈라디아 2:19-21	나를 위해서 하느님의 아들이 스스로 희생하셨다.
I고린토 5:17-21	모든 것은 하느님의 작품입니다. 하느님께서 우리를 구원하시고자 죄 없는 자를 죄인으로 하셨다.

요한 10:7-18; 12:37-40; 루가 23:33-38; 로마 8:31-39; 에페소 2:1-10; 갈라디아 4:3-7; I요한 1:8-2:11

영적 진실 6

우리를 자유롭고 철저하게 살라고 부르시는 하느님.

● 방법
영신수련의 목적인 영적 자유를 깨달음. 성찰과 그 밖의 다른 모든 기도 수련은 자유롭게 해주시는 하느님의 활동에 내적으로 잘 반응하도록 도와준다. 영적 길잡이와의 면담에 대한 생각.

● 청할 은총
자유를 주시는 예수님의 사랑을 깊이 느끼고 그분을 섬기는 데 반드시 필요한 자유에 대한 이해

● 기도 자료

창세기 22:1-19	아브라함과 이사악.
요한 3:22-30	그는 반드시 커져야 하고 나는 작아져야 한다.
루가 9:57-62	먼저 내가…을 하고 난 뒤에 당신을 따르겠습니다. 죽은 자는 죽은 자에게 맡겨라.
마태오 25:14-29	달란트의 비유.

시편 42; 63; 지혜서 9:1-12; 이사야 6:1-10; 예레미야 1:1-10; 마태오 9:9-17; 13:44-46; II베드로 2:19; 히브리 11:17-19

영적 진실 7

하느님께서 우리를 부르실 때 부활하신 예수님의 능력이 현존하는 성령의 활동으로 드러난다.

● 방법

『영신수련』 23번 원리와 기초 설명. 예수님께서는 우리에게 원리와 기초를 추구할 열망과 힘을 주신다.

● 청할 은총

부활하신 예수님 덕분에 우리를 부르시는 하느님께 응답할 수 있는 능력에 대한 인식

● 기도 자료

II고린토 12:1-10	내가 약해졌을 때 오히려 나는 강합니다.
필립비 3:7-16	예수님을 아는 것 외는 모두 쓰레기로 여깁니다.
요한 14:15-20, 25-28	내가 아버지께 청해서 모든 것을 알려주실 또 다른 협조자인 성령을 보내달라고 하겠다.
루가 24:36-54	그리고 예수님께서는 성경의 말씀을 이해할 수 있게 그들의 마음을 열어주셨다. 위로부터 오시는 능력을 입을 때까지 여기에 머무른다.

예레미야 17:5-11; 요한 15:1-8; 16-17; 사도 4:5-22; 루가 5:1-11; 필립비 1:18-26; 4:4-13

나의 마음, 행동, 감동, 생각에 담긴 모든 바람과 이 바람에서 나온

결정이 사랑하는 하느님께로 향하는 순간 나는 예수 그리스도의 사랑에
온전하게 사로잡히며 영적으로 자유로워진다. 그 순간 나는 세상에 대한
하느님의 뜻에 협력한다는 표현인 찬미와 섬김을 통하여 사랑에 사랑으
로 보답하기를 원한다.

영적 자유를 구하는 기도

오! 하느님의 영이시여!

당신에게 감동하고 이끌리며

당신의 은혜로 살게 하시고,

매일 당신에게서 당신을 통하여

기도와 일을 시작하고

행복하게 끝맺도록 도와주소서.

들을 수 있게 가르쳐주소서

하느님,
가까이 있는 가족, 친구들, 동료들의 마음을
들을 수 있게 가르쳐주소서.
그들이 내게 어떠한 말을 하더라도
'있는 그대로 받아주고 이야기를 들어 달라'는
그들의 마음을 놓치지 않게 도와주소서.

나를 돌보시는 하느님,
멀리 떨어져 있지만
절망에 빠진 사람들의 희미한 목소리와
버림받은 사람들의 하소연,
고통받는 이들의 울부짖음을
들을 수 있게 가르쳐주소서.

하느님 나의 어머니,
나 자신을 들을 수 있게 가르쳐주소서.
내 마음의 깊은 곳에서 들려오는 목소리를 신뢰하고
덜 두려워하도록 도와주소서.

성령이시여,
바쁜 중이나 한가한 가운데나

확실할 때나 의심이 갈 때나

소음 속이나 고요한 가운데도

당신의 목소리를

들을 수 있게 가르쳐주소서.

하느님, 제가 들을 수 있게 가르쳐주소서.[18]

화해: 예언서

여는 말씀

거룩하신 분께서는 아브라함과 계약을 맺으시고, 그 후 예언자들을 통하여 이스라엘 백성에게 말씀하셨다.

하느님께서 그들에게 살아갈 땅을 주셨고, 당신이 원하시는 것을 간추려서 전해주셨다.

이것이 바로 거룩하신 분께서 당신에게 주신 것이다.
이것은 오로지
정의를 행하고
부드럽게 사랑하며
하느님 앞에서 겸손해지라는 뜻이다.

이스라엘은 이러한 하느님의 바람에 관심을 두지 않았다. 그들은 자신들의 길로 걸어가 버렸다.

그들의 신성한 남편은 말로 다할 수 없이 그들을 사랑했고 끊임없이 그들에게 돌아오라고 했다.

하느님의 슬픈 노래

내가 너희 이스라엘이 살 수 없는
사막이라도 되었단 말이냐
흑암의 땅이라도 되었단 말이냐?
그런데 왜 내 백성들은 '내 마음대로 하겠습니다.
당신께로 돌아가지 않겠습니다'라고 말하는가?
처녀가 노리개를 잊을 수 있거나
새색시가 각시 띠를 잊을 수 있느냐?
그러나 나의 백성은 아득한 옛날에 이미 나를 잊어 버렸다.
너희가 두려워하고 무서워한 자가 누구냐
너희가 나와 인연을 끊고 잊어버리고
너희 마음에 나를 품기를 거절하게 만들며
너희가 두려워하고 무서워한 이가 누구냐?
회심과 평온 속에 너희 구원이 있다.
온전한 믿음 안에 너희 힘이 있는데
너희에게는 믿음이 없다.
그리고 나는 생각하기를
너를 나의 자녀로 삼고 기름진 땅을 주고 싶었다.
뭇 민족 가운데서도 너에게
가장 아름다운 유산을 주고 싶었다.
나를 아비라 부르며 행여 나를 떠나지 않기를 바랐다.
그런데 애인을 배신하는 여인처럼
이스라엘 가문은 나를 배신하였다.

보살피시는 분

내 아들 이스라엘이 어렸을 때

너무 사랑스러워 나는 이집트에서 불러내었다.

그러나 부르면 부를수록 이스라엘은 나에게서 멀어져만 갔다.

걸음마를 가르쳐주고

팔에 안아 키워주고

죽을 것을 살려주었지만 에브라임은 나를 몰라본다.

인정으로 매어 끌어주고

사랑으로 묶어 이끌고

젖먹이처럼 들어 올려 볼에 비비기도 하며

허리를 굽혀 입에 먹을 것을 넣어 주었다.

나는 너무 사랑스럽고 너무 귀여운

에브라임을 여전히 가엾이 여겨야 하고

에브라임에게 다정히 하소연해야 하지 않느냐?

에브라임아, 내가 어찌 너를 버리겠느냐?

이스라엘아, 내가 어찌 너를 남에게 내어주겠느냐?

네가 너무 불쌍해서 간장이 녹는구나.

여인이 자기의 젖먹이를 어찌 잊거나

자궁 속의 아이를 소중히 여기지 않으랴?

그들이 혹시 잊을지라도

나는 결코 너를 잊지 아니하리라.

나는 사람이 아니고 신이다.

나는 거룩한 신으로 너희 가운데 와 있지만
너희를 멸하러 온 것은 아니다.

이스라엘은 죄를 지었다!

야곱아 너는 나를 찾지 않았다.
이스라엘아, 너는 나에게 정성을 쏟지 않았다.
내가 언제 너에게 봉헌물을 바치라고 성화를 대었느냐?
향을 피우라고 괴롭혔느냐?
도리어 너는 죄를 지어 나의 화를 돋웠고
불의를 저질러 나의 속을 썩였다.
너의 죄를 나의 기억에서 말끔히 씻어버리리라.

약속

두려워하지 마라, 너는 수치를 당하지 않으리라.
당황하지 마라, 망신당하지 않으리라.
너와 나는 약혼한 사이.
우리 사이는 영원히 변할 수 없다.
나의 약혼 선물은 정의와 공평,

한결같은 사랑과 뜨거운 애정이다.

진실도 나의 약혼 선물이다.

이것을 받고 나 야훼의 마음을 알아다오.

너의 창조주가 너의 배우자다.

내가 너를 지명하여 불렀으니, 너는 내 사람이다.

너는 눈에 넣어도 아프지 않을

나의 귀염둥이 나의 사랑이다.

너는 자랑스럽고 내가 사랑하기에

나는 너를 영원히 영예롭고 즐거움이 되게 하리라.

화해

헐벗은 산 위에서

이스라엘 자손들이 울부짖고 애원하는 소리가 들려온다.

그들은 너무도 잘못된 길로 가버려서

전능하신 하느님을 잊어버렸기 때문이다.

'돌아오라, 나의 불충한 자식들아,

내가 너희의 불충한 마음을 고쳐 주리라.'

'여기 우리가 있습니다. 당신에게 가고 있습니다.

당신은 거룩하신 분 우리의 하느님이십니다‥

언덕들은 환상일 뿐이고 산들의 외침도 그렇습니다.

우리의 하느님, 오직 우리의 하느님만 마침내 이스라엘을 구원하십니다.'

정화의 길[19]

1단계

우리가 우리 모두를 창조하신 분의 부름에 책임 있게 응답하려면 내적 자유를 증진시키는 하느님의 은총이 꼭 필요하다.

루가 1:26-38	성모 영보 ─ '당신의 뜻대로 저에게 이루어지기를 바랍니다.'
요한 3::22-30	세례자 요한 ─ '그는 더욱 커지셔야 하고 나는 작아져야 한다.'
창세기 22:1-18	아브라함과 이사악의 이야기 ─ 아브라함의 믿음과 개방성.
필립비 3:7-11	'나에게 유익한 모든 것은 장애물로 여겼습니다'라고 말했던 사도 바오로의 태도.

● 참조 독서

히브리 11:17-19; II베드로 2:19; 필립비 4:11-13; 창세기 12:1-9; 마르코 10:17-31; 마태오 6:19-21; I 요한 2:15-17; 루가 18:18-30

2단계

자비와 동정을 베풀며 죄와 그 영향으로부터 우리에게 자유를 주시는 하느님의 방법을 인식하기.

집회서 18:1-14	자비로운 하느님께서는 우리를 참아주시고 자비를 흠뻑 내려 주시기를 원하신다.
히브리 10:1-18	예수 그리스도께서는 이 '뜻'을 따라 한 번 몸을 바치셨고 그 덕에 우리는 거룩한 사람이 되었다.
이사야 1:16-18	너희 죄가 진홍같이 붉어도 눈과 같이 희어진다.
루가 15	하느님의 사랑스러운 자비

● 참조 독서

에제키엘 36:25-27; 시편 51:1-17; 요한 10:1-18; 21:15-17; 마태오 23:33-39; 에페소 1:3-23

3단계

자신의 악한 상황을 인식하고 하느님 사랑에 감동하기.

루가 15:11-20	방탕 — 하느님에게서 멀어지는 체험.
로마 7:14-25	내가 하고 싶은 일을 할 수가 없음.
로마 5:1-11	그리스도의 죽음 앞에서 무기력한 우리.
루가 8:26-39	게라사의 미치광이 — 외부의 힘에 사로잡히는 죄.
루가 16:19-31	부자와 나자로 — 지옥으로 이끄는 격리로써의 죄.

● **참조 독서**

요한 1:5-2:2; 마태오 13:36-50; 이사야 6:8-13; 63:7-19; 에제키엘 11:18-21; 갈라디아 4:3-7; 히브리서 10:26-31

4단계

슬픔과 감사를 깊이 느끼며 자기 죄를 더 인식하기.

루가 7:36-50	예수님의 발을 씻은 죄 많은 여인.
루가 7:18-9-14	바리사이와 세리.
요한 4:5-42	예수님과 사마리아 여자.
시편 38:1-22	죄인의 기도 '나를 압도하는 죄악들'.
시편 51:1-19	허물을 말끔히 씻어 주시고 잘못을 깨끗이 없애 주소서.

● 참조 독서

시편 103; 야고보 1:13-18; 마태오 7:1-5; 루가 10:25-37(착한 사마리아인이
신 예수님); 14:16-24; 22:31-34, 54-62; 갈라디아 5:13-22

5단계

자유롭게 해주시는 예수님을 찾으며 자신의 삶에 숨겨진 무질서한 경향을 슬퍼하면서 깊이 인식하기.

에제키엘 16:1-22, 59-63	우화로 된 이스라엘 역사 — 내가 하느님의 은총을 잘못 사용했어도 계속해서 보호해 주시는 하느님의 사랑.
2사무엘 11:1-12:14	다윗의 죄, 나단의 우화 — 네가 바로 그 사람이다 — 다윗은 자기 죄를 보지 못한다.
마르코 7:14-23	더럽히는 것은 사람의 몸에서 나온 것이다 — 악한 생각은 모두 우리 마음에서 나온다.
I요한 2:12-29	세속을 멀리함… 하느님에 대한 사랑과 세속은 서로 일치할 수 없다.
요한 8	바리사이와 예수님 사이의 논쟁과 간음한 여자. 스스로 정의롭다고 생각하는 사람은 악마의 자녀이며 정의를 알지 못한다.

● 참조 독서

야고보 3; 4:13-17; I디모테오 6:3-14; 마태오 13:24-30, 36-43; II베드로 2:18-22

6단계

지금까지 내게 보여주신 하느님의 사랑과 자비를 깊이 인식하기.

요한 13:1-20	제자들의 발을 씻어 주신 예수님.
요한 19:25-37	십자가에서 돌아가신 예수님 — 옆구리에서 피와 물이 흘러나옴.
요한 21:15-19	베드로를 용서하신 예수님 — 내 양들을 돌본다.
에페소 1:3-10	하느님께 찬양… 그리스도를 통한 온갖 영적 축복.

● 참조 독서

시편 147:1-20; 요한 14:1-27; 갈라디아 2:19-21; 4:1-7; I디모테오 1:12-17
히브리 4:14-5:10; 요한 6:25-59; 10:7-18; 11:1-44

예수님의
생각과 마음 간직하기

다음의 기도 자료는 다양하고 신비로운 예수님의 모습을 제시한다. 요한의 마지막 가르침에서 나온 구절과 관련된 부분은 전반적인 목적으로서, 한 사람이 예수님을 깊게 만나서 성장하도록 도와주는 자료가 되어야 한다. 나는 구체적으로 청할 '은총'을 여기에 제시하지 않았다. 당신은 자신의 처지에서 스스로 명확하게 은총을 찾고 갈망해야 한다. 이런 이유로 나는 차례로 성경 구절을 제시하지만, 당신이 기도할 자료는 궁극적으로 지금 당신의 필요에 달려 있다.

1. 친구가 된 종

제자들의 발을 씻어 주신 예수님… 어떤 종도 주인보다 위대하지 못하다(요한 13:1-20).

● **기타 자료**

에페소 5:1-7	그리스도께서 사랑하였듯이 사랑하며 그리스도를 따르기.
필립비 2:5-11	하느님께서 종이 되기 위해 당신 자신을 비우셨다.
로마 6:15-19	당신들은 죄로부터 자유로워졌고 이제 당신들은 하느님의 종들입니다.
이사야 42:1-4	여기 내가 믿어주는 내 종이 있다.
시편 40	하느님 안에 희망을 두어라: 내 구세주 하느님을 찬양하리라.

2. 많은 율법에서 벗어나 사랑이라는 율법으로 살기

내가 너희와 같이 있는 것도 잠시뿐이니 나는 너희에게 새 계명을 주겠다(요한 13:33-38).

● **기타 자료**

I요한 3:1-24	나의 자녀들이여 우리는 말이나 혀끝으로 사랑하지 맙시다.
루가 10:25-37	위대한 계명.
사도 4:23-35	그 많은 신도가 다 한마음 한뜻이 되었다.
시편 133	형제자매로서 서로 사랑하라.

3. 불안에서 벗어나서 믿기

요한 14:1-7   너희는 걱정하지 마라. 하느님을 믿고 또 나를 믿어라.

● 기타 자료

I데살로니카 4:1-12	하느님께서 우리는 거룩하게 살라고 우리를 부르셨습니다.
히브리 6:1-20	하느님께서 여러분의 사랑을 잊지 않으신다.
로마 4:18-25	아브라함의 믿음과 하느님의 성실함.
루가 12:22-31	아빠를 믿음.
시편 91	하느님을 믿음.
시편 131	우리 어머니이신 하느님의 품 안.

4. 예수님 알고 나서 하느님 알기

나를 보았으면 곧 아빠를 본 것이다(요한 14:8-13).

● 기타 자료

출애굽 33:7-11	야훼께서는 마치 친구끼리 말을 주고받듯이 얼굴을 마주 대시고 모세와 말씀을 나누셨다.
요한 1:16-18	참으로, 우리는 하느님에게서 은총을 넘치도록 받았다.
요한 6:46-51	오직 아들만이 아빠를 보았다.
골로사이 1:15-20	그분은 보이지 않는 하느님의 형상입니다.
II고린토 4:1-6	우리의 마음을 비추신 분은 그리스도의 얼굴에 영광이 빛나게 하신 같은 하느님이십니다.
시편 147	전능하신 분께 드리는 찬양.

5. 방황 끝내고 순종하기

내 이름으로 구하는 것은 무엇이든지 이루어주겠다.… 너희가 나를 사랑한다면 내 말을 지켜라(요한 14:14-21).

● 기타 자료

마태오 7:7-11	구하라, 받을 것이다.
루가 11:1-13	찾아라, 얻을 것이다.
사도 3:16-26	예수님에 대한 믿음을 통하여 초대 교회의 기적이 이루어졌고 세워졌습니다.
신명기 6:4-9	이스라엘아 들어라, 네 마음을 다하여 하나이고 거룩하신 야훼 하느님을 사랑하여라.
I요한 2:3-6	우리가 예수님 그리스도가 살았던 것처럼 살 때 우리는 하느님 안에서 산다고 확신할 수 있습니다.
시편 16	오 하느님, 나의 분깃이여.

6. 영을 언급하다가 영을 따르기

나를 사랑하지 않는 사람은 내 말을 지키지 않는다⋯. 협조자인 성령께서 모든 것을 가르쳐주실 것이다(요한 14:23-29).

● 기타 자료

신명기 7:12-15	이 법령을 듣고 그것을 지켜라.
에페소 3:14-21	하느님께서 여러분의 마음 안에 그리스도께서 살 수 있도록 성령을 통하여 여러분의 내면이 굳세어지는 은총을 주십니다.
요한 3:9-16	우리는 오직 우리가 알고 있는 것을 말하고 오직 우리의 눈으로 본 것을 증언한다.
에페소 2:11-18	예수님으로 말미암아 우리는 같은 성령을 받아 사랑스러운 하느님께로 나아가게 되었습니다.
시편 103	하느님께서는 사랑이시다.

7. 바라보다가 수고하시는 하느님

나는 참 포도나무다(요한 15:1-6).

● 기타 자료

이사야 5:1-7	임의 포도밭을 노래한 사랑의 노래를 내가 임에게 불러드리리라.
필립비 1:3-11	이것은 여러분이 순결하고 나무랄 데 없는 사람으로서 예수 그리스도의 날을 맞이하게 도와줄 것입니다.
신명기 8:11-20	거룩하신 하느님 야훼를 생각한다.
호세아 10:1-8	이스라엘은 무성한 포도덩굴, 자랄수록 마음은 더 갈라졌다.
마태오 20:1-16	포도원 일꾼 이야기.
I고린토 12:12-30	많은 지체를 지니고 있지만 인간의 몸은 하나다.
시편 116	감사의 찬가.

당신을 찾게 가르쳐주소서

오! 하느님, 어디서 어떻게 당신을 찾아야 할지, 어디서 어떻게 당신을
만나야 할지 내 마음에 가르쳐주소서.

당신은 나의 하느님이시고 나의 모두인데 당신을 본 적이 없습니다.

당신은 나를 만들었고 나를 재창조하십니다.

당신은 내가 가진 모든 좋은 것을 넘겨주셨습니다.

그런데도 나는 당신을 모릅니다.

나는 아직도 만들어진 목적을 이루지 못했습니다.

당신을 찾게 가르쳐주소서…

당신이 가르쳐주시지 않으면 당신을 찾을 수 없고

당신을 내게 보여주시지 않으면 당신을 발견할 수 없습니다.

당신을 목마르게 찾게 해주시고, 당신을 찾으며 목마르게 해주소서.

당신을 사랑하며 당신을 발견하게 해주소서,

당신을 발견했을 때 당신을 사랑하게 해주소서.

— 캔터베리의 안셀름

오! 성령이시여,

제 영혼을 당신 품에서 고요하게 해주소서.

부드러운 당신의 평화로, 혼란을 수습해 주소서.

당신에 대한 깊은 신뢰로, 불안을 없애 주소서.

당신에게서 용서받은 기쁨으로, 죄의 상처를 낫게 해주소서.

당신의 현존에 대한 깨달음으로, 믿음을 강하게 해주소서.

쏟아지는 당신의 사랑으로, 사랑을 충만하게 해주소서.

오! 성령이시여,

제게 빛과 힘과 용기의 원천이 되시어

저로 하여금 당신의 부름을 더 분명히 듣고

당신을 더 관대하게 따르게 하소서.

— 윌리엄 브라우닝, C.P.

8. 내 뜻 버리고 하느님의 뜻 따르기

이것이 나의 계명이다: 내가 너희를 사랑하였듯이 서로 사랑하여라 …. 내가
명하는 것을 지키면 너희는 나의 벗이 된다(요한 15: 9-17).

● 기타 자료

요한 4:32-34	나를 보내신 분의 뜻을 이루고 그분의 일을 완성하는 것이 내 양식이다.
요한 6:35-40	나는 내 뜻을 이루려고 하늘에서 내려온 것이 아니라 나를 보내신 분의 뜻을 이루려고 왔다.
요한 8:27-30	내가 말하는 것은 모두 아버지께서 내게 가르치신 것이다.
로마 5:5-8	하느님의 사랑이 우리의 마음에 부어졌습니다.
갈라 2:15-21	나는 그리스도와 함께 십자가에 달려 죽었습니다.
시편 19	야훼의 분부는 그릇됨이 없다.

9. 편안한 제자 직분을 버리고 험난한 제자 직분을 택하기

그들이 나를 박해했으면 너희도 박해할 것이다(요한 15:18-27).

● 기타 자료

마태오 10:11-24	너희는 나 때문에 총독들과 왕들 그리고 왕비들에게 끌려갈 것이다.
사도 7:1-60	스테파노의 연설, 재판, 용서를 구하는 기도, 돌에 맞아 죽음.
요한 8:21-30	너희가 나를 높이 들어 올릴 때 내가 누구인지 알게 될 것이다.
요한 1:1-14	예수님이 당신의 나라에 오셨지만 백성들은 그분을 맞아주지 않았다.
1고린 4:6-13	우리는 그리스도를 위하여 바보가 되었습니다.
2고린 4:7-18	우리는 절망 속에서도 실망하지 않으며 맞아 넘어져도 죽지 않습니다.
이사야 50:4-11	나는 거역하지도 아니하고 꽁무니를 빼지도 아니한다. 나는 때리는 자들에게 등을 맡긴다.
시편 37	까닭 없이 그들은 나를 올가미에 걸리게 하고 함정에 빠뜨리려고 합니다.

10. 두려운 혼란과 무지에서 벗어나서 성령을 신뢰하기

진리의 성령께서 오시면 너희를 이끌어 진리를 온전히 깨닫게 하여 주실
것이다. 성령께서 나를 영광스럽게 하실 것이다(요한 16:5-15).

● 기타 자료

요한 1:29-34	나는 성령이 하늘에서 비둘기 모양으로 내려와 이분 위에 머무르는 것을 보았다.
요한 8:21-24	만일 너희가 내가 거룩한 분이라는 것을 믿지 않으면 너희는 죄에서 헤어나지 못한 채 죽고 말 것이다.
1디모 3:14-16	하느님께서 눈에 보이는 사람이 되셨고 성령에 의해 입증되셨습니다.
요한 12:20-36	빛이 있는 동안에 빛을 믿고 빛의 자녀가 되어라.
사도 2:1-13	그들은 모두 성령으로 가득 찼다.
사도 2:14-36	마지막 날에 나의 성령을 부어주리니… 성령께서 흘러나옴을 너희는 보고 듣는다.
에제 36:16-38	나의 새 기운을 불어넣어 주리라… 나의 기운을 너희 속에 넣어 주리니… 너희는 나의 백성이 될 것이요 나는 너희의 하느님이 될 것이다.
로마 8:1-30	그리스도의 성령을 모시지 않는 사람은 그리스도의 사람이 아닙니다.
1고린 2:1-16	성령께서는 모든 것을 깊게 통찰하십니다.
시편 89	하느님의 성실함을 축하하는 기도와 찬양.

11. 십자가를 끌어안았다가 부활하신 예수님의 능력 체험하기

정말 잘 들어 두어라. 너희는 울며 슬퍼하겠지만 세상은 기뻐할 것이다. 너희는 슬픔에 잠길지라도 그 슬픔은 기쁨으로 바뀔 것이다(요한 16:16-33).

● 기타 자료

요한 1:35-51	정말 잘 들어 두어라. 너희는 하늘이 열려있는 것과 하느님의 천사들이 하느님께서 보낸 사람의 아들에게로 오르내리는 것을 보게 될 것이다.
히브리 11:1-40	믿음의 증거: 거룩한 분의 약속 덕택으로, 성자께서 오시고… 결국 성령을 보내주십니다.
히브리 9:11-28	예수님의 수난과 죽음을 통하여 약속이 다시 확인되었습니다. ─ 영원하신 성령을 통하여 하느님께 바치는 완전한 희생 제물.
II고린토 1:3-11	우리가 환난을 받는 것은 여러분의 위로와 구원을 위해서입니다.
II고린토 5:11-6:10	우리는 가장 비참하게 보일지라도 언제나 기뻐합니다.
II고린토 12:1-10	그래서 나는 그리스도의 권능이 내게 머무르도록 하려고 더없이 기쁜 마음으로 나의 약점을 자랑하려고 합니다.
시편 145	우리 하느님을 찬미하는 시.

루가복음에 따른 제자 직분[20]

첫째 단계: 루가 4:31-9:21

제자들은 권위가 있는 예수님 말씀, 예수님의 명망 그리고 그들을 믿는 예수님께 매료되어 망설임 없이 그분을 따르고, 그분과 함께 살며, 동료가 된다. 그리고 예수님은 이 단계의 마지막에서 베드로를 통하여 자신이 하느님의 그리스도임을 선포하신다.

둘째 단계: 루가 9:22-22:46

예수님이 수난을 말씀하시고 제자 직분의 조건을 알려주시기 시작하실 때, 제자들은 계속 따르면서도 예수님이 펼치시는 구원의 신비를 점점 더 이해하지 못한다.

셋째 단계: 루가 22:47-23:26

수난 기간 제자들은 예수님에게서 떨어져 나와 예수님을 반대하는

군중 속에 섞여 있다. 그들은 감쪽같이 속고 예수님에 대한 희망을 버리기
시작한다.

넷째 단계: 루가 24 전체-사도 1:11

부활하신 예수님은 40일 동안 제자들의 양성을 끝내기 시작한다.
그러나 그들은 의심이 많고 머뭇거리며 영광을 위한 예수님의 수난을
이해하지 못한다.

다섯째 단계: 사도 1:12-9:43

제자들이 기도하기 시작한다. 그들은 성령의 힘에 사로잡히고 그리
스도를 증언하기 시작한다. 그 순간부터 그들은 권위를 가지고 주님을
증언함으로써 고통스러운 박해를 받아들인다. 그들은 온전하고 분명하
게 투신한다.

여섯째 단계: 사도 10:1-11:18

복음이 이방인들에게 전파된다. 하느님의 영은 베드로에게 유대교
를 확실하게 버리라고 명하심으로써 온 세상은 구원의 소식을 받아들인다.

능력을 달라고 하느님께 청했더니

성공할 수 있도록 능력을 달라고 하느님께 청했더니
겸손하게 순종하는 것을 배우라고 약하게 만드셨다.
위대한 일을 하게 건강을 청했더니
더 나은 일을 하라고 허약하게 만드셨다.
행복하게 살고자 부귀를 청했더니
현명해지라고 가난하게 만드셨다.
남들에게 칭찬받고자 권력을 청했더니
하느님을 아쉬워하라고 나약하게 만드셨다.
인생을 즐기고 싶어 모든 것을 청했더니
모든 것을 즐길 수 있게 생명을 주셨다.

청한 것은 아무것도 얻지 못했지만 바라던 것은 다 받았다.
뜻하지 않게도 내 맘속 기도를 거의 다 들어주셨다.
나는 모든 이 가운데 가장 축복받은 자다.

— 헨리 비르카르디

생태 환경: 화해 영성[21)
— 성경 기도 방법

"우리가 모든 세대를 통하여 모든 피조물이 서로 의존하며 조화를
이루고 있는 지구를 그대로 볼 수 있다면… 우리는 두려움과 존경심에
온몸을 떨며 아름다운 지구와 자원을 파괴한 우리의 오만을 후회하고
통곡할 것이다…."

창세기 1:1-26	창조 이야기… 우리는 창조의 한 부분이다.
욥기 38:1-40:5	내가 우주를 창조할 때 너는 어디에 있었느냐? 누구의 자궁에서 새벽의 경이가 나왔느냐. 욥은 '입을 가리고 더 이상 말을 하지 않겠습니다'고 대답함.
시편 8	주의 이름 온 세상에 어찌 이리 크십니까!
요한 1:1-5	한 처음에 말씀이 계셨고, 모든 것은 말씀으로 생겨났다.

하느님의 장엄

—제라드 맨리 홉킨스/김영남 역

세상은 하느님의 장엄으로 충전되어 있다.

그것은 흔들린 금박에서 쏟아지는 빛처럼 불꽃을 발하리라.

그것은 짓눌린 기름이 스며 나오듯 모여서 커진다.

그런데 어찌 인간은 그의 권능에 아랑곳하지 않는가?

숱한 세대들이 짓밟고, 짓밟고, 짓밟아 왔구나.

하여 모든 것은 생업으로 시들고, 노역으로 흐려지고 더럽혀져

인간의 때를 입고 인간의 냄새를 피우는구나.

토지는 이제 벌거벗고, 발은 신에 싸여 느낄 수도 없구나.

그리고 이러함에도 자연은 결코 다함이 없어라.

사물 깊은 속엔 가장 소중한 신선함이 살아 있나니,

하여 마지막 빛들이 검은 서쪽 너머 가 버렸어도

오, 아침은 동편 갈 빛 언저리에서 솟아오른다―

왜냐하면 성령께서 구부러진 세계를 따뜻한 가슴과

그리고 아! 빛나는 날개로 품고 있기 때문이다.

(제라드 맨리 홉킨스가 오늘날 살아 있다면 마지막 연을 다르게 쓰지
않았을 것이고 어쩌면 성gender도 있는 그대로 간직하지 않았을까?)

"생태 환경은 생명의 원천이며 영양분인 지구와 화해하는 영성이다. 그것은 재결합이다. 집으로 돌아가는 것이다…"

로마 8:19-23	모든 피조물은 구원의 자유를 나누기를 고대하면서 신음하고 있습니다.
묵시록 21:1-5	나는 새 하늘과 새 땅을 보았습니다. 모든 눈물을 씻어주실 것이다… 내가 모든 것을 새롭게 만든다.
이사야 2:2-4	하느님께서 민족들의 분쟁을 심판하시고… 칼을 쳐서 보습을 만들고 창을 쳐서 낫을 만들리라.
이사야 65;17-25	나 이제 새 하늘과 새 땅을 창조한다… 거기에는 며칠 살지 못하고 죽는 아기가 없을 것이다.

"환경 오염은 오늘날의 가장 큰 위협이다. 그것은 모든 나라의 국경을 넘나들며 우리가 공유하는 생태계에 영향을 준다. 우리는 결코 무력으로 환경 오염을 해결할 수 없다. 국가의 주권과 안전은 쓸모없다! 새로운 희망이 솟아난다! 생태계는 변하지 않겠지만 우리의 사고방식과 정치, 정부와 조직은 반드시 변할 수 있다."

창세기 11:1-9	바벨탑 이야기는 문명과 언어가 다른 인간들을 보여주며 어떻게 악과 탐욕이 서로 듣지 못하게 우리를 방해할 수 있는지 보여주는 훌륭한 비유다.
시편 33	하느님의 창조…하늘에서 하느님께서 모든 것을 보시다…군마가 안전을 보장하지 않는다.
이사야 55:6-13	아직 시간이 있으니 야훼를 찾아라. 옆에 와 계신다. 안내를 받으며 탈 없이 돌아가고…가시나무가 섰던 자리에 전나무가 자랄 것이다.

집회서 42:15-43:33   자연 속의 하느님의 업적…하느님께서 모든 것 안의 모든 것이고…홀로 창조의 비밀을 알고 계 신다.

예수님은

세상과 지구 가족 모두가

하나인 친구가 되고

그분의 아빠가 주신 선물인

핏줄로 연결된 가족으로

성, 신앙, 종족, 피부색을

극복하려는 꿈을 꾸셨다.

말과 문화가 다른 우리는

지역에 따라 함께 모인다.

그러나 거기에는 서로를 모르게 하는

장애물 때문에 우리는 두렵고 불확실하다.

우리는 때때로 그림자 같은 다른 것을 주고받는다.

우리는 자신만을 생각하기에

우리 마음과 생각의 변화와 회심을 그리워한다.

—T. 맥킬롭의 시에서 각색

"어떤 세대도 무엇을 해야 한다고 요청받은 적이 없다. 우리가 보고 생각하며 평가하고 행동하는 모든 방법을 바꾸자! 자연보호를 사회의 최우선 과제로 삼고, 경제, 폐기물 처리, 개인, 가족, 국가, 국제적 소비 습관을 다시 뜯어고치자. 삶의 질을 부(富)보다도 더 확실하게 높이 평가하자. 인류가 중대한 사안(예, 인신공양)에 대한 생각을 바꾸는 데는 오랜 시간이 걸렸다. 우리가 생존해야 한다면 우리는 반드시 빨리 변해야 한다. 그리고 우리는 이것을 즉각 실천해야 한다…."

이사야 66:1-4	참된 예배와 거짓된 예배의 결과(지구의 요청과 지구를 지키는 사람들을 통하여 전해 오는 하느님의 부름을 거부한 결과).
마태오 4:1-11	예수님이 사막에서 겪은 유혹. 우리는 빵만으로 살 수 없다…. 우리는 오직 음식, 군림과 권력의 관점에서 인간의 삶을 재량할 수 없다.
1고린토 2:7-16	우리에게 하느님의 지혜가 필요하다…. 성령께서는 우리에게 새롭게 생각하라고 가르치신다…. 우리는 그저 자연적인 사람이 아니라 영적인 사람이 되어야 한다.

우리는

루스 매클린

우리는 집행자들…
사람들은 정의와 도덕과 길을 찾지만
검고 흰 종이 위에 쓰인 법을 떠받들고
생명을 주지 않는 법을 집행하며
이웃을 가두는 법을 사랑한다.

사람들은 안락한 가정, 제도, 교회에서
배우자들과 가족과 친구들과 함께
방어하고 보호하고 믿는다.

우리는 집행자들…
부자가 빠져나갈 때
가난한 이를 가두고
억눌린 이를 억누르고
잡힌 이를 다시 잡아들인다.

우리는 집행자들…
하느님께서 우리 편인 척하고
하느님께서 집행자이신 것처럼 꾸민다.

"우리 모두는 전보다 더 아름답게 새로운 생명을 줄 수 있는 상상력과
생각을 갖고 있다."

미가 4:1-3   하느님께서 민족들 사이의 분쟁을 판가름해 주시
                     고 우리는 칼을 쳐서 보습을 만들고 창을 쳐서
                     낫을 만들리라.
에페소 3:16-21   독자들을 위한 기도. 하느님께서 성령의 힘으로
                     당신들에게 모든 것에 대한 하느님의 광대한 사
                     랑을 깨닫게 하여 주시기를 빕니다.

"하느님의 힘은 자비심에서 나온다. 인간은 동정심으로 하느님의
힘을 세상에 펼친다. 오직 그 힘만이 우리를 회심시키고 지구를 치유할
수 있다."

이사야 58:2-14   참된 단식과 예배에는 반드시 억눌린 자를 풀어
                     주고 자비를 베푸는 것이 포함되어야 한다.
마태오 25:31-46   민족들을 심판하는 이미지 ― 양과 염소를 갈라
                     놓음 ― 네가 가장 미소한 사람에게 물 한 잔을
                     주었을 때 바로 내게 준 것이다.
II고린토 1:3-6   위로의 하느님께서는 고통 중에 있는 우리를 위
                     로하심으로써 우리가 다른 이를 위로할 수 있다.

"우리는 자연과 인간에게 작용하는 힘, 즉 우리를 치유하고 하나로
묶는 진리에 의존할 수 있다. 우리는 우주와 함께 춤을 추며 우리 가정의
정원인 지구에서 공통 기반common ground을 발견할 것이다."

창세기 1:26-31   하느님께서 인간을 당신 모상에 따라 창조하시고
                     창조와 창조된 모든 것에 대한 책임을 주신다.
이사야 65:17-25   내가 새 땅을 창조하리니 며칠 살다가 죽는 아기

가 더 이상 없으리라.

이사야 66:5-13   하느님께서 어머니처럼 민족들을 모으실 것입니다.

"세상에는 선한 힘이 있다. … 그것은 가장 깊은 자연의 힘과 인간 마음에 작용하는 에너지이다. … 하느님과 부활을 믿는 것은 선한 힘이 악한 힘보다 더 강함을 믿는 것이고 선한 힘이 퍼져나갈 것임을 믿는 것이다. 우리는 믿음으로 이 힘을 펼쳐나갈 것이다…."

히브리 1:1-12   그리스도를 통하여 모든 것을 합하셨습니다. 하느님께서 모든 피조물 위에 계십니다. 땅은 하느님의 옷처럼 낡아질 것입니다.

골로사이 1:13-20   예수 그리스도 안에서 모든 것은 결합됩니다… 하느님께서 우리를 흑암의 권세에서 건져내시어 모든 것이 결합되는 당신 아들의 나라로 옮겨주십니다.

은총의 역사[22)

우리 역사는 수많은 체험으로 이루어진다. 우리가 체험에 담긴 신비를 오롯이 기억하고 마음으로 들은 후 모든 것을 통해서 나와 함께하고 일하시는 하느님을 발견하기 시작하면 역사는 은총이 된다. 다음은 내 삶의 역사에서 늘 함께하시는 하느님께 나 자신을 열어드리는 방법이다.

● **구할 은총**
내 삶에서 함께하시는 하느님께 대한 깊은 인식과 감사.

1단계: 체험을 있는 그대로 떠올리고 적기

태어나서부터 지금까지 자신의 삶을 이루어 온 유의미한 모든 사람, 사건, 체험 그리고 그것들에 대한 내적 움직임을 떠올려라. 태어나서부터 지금까지를 삼 년 단위로 기억하여 시대순으로 기록하라. 또는 인과적이나 시대적으로 서로 맞지 않더라도 그냥 연상되는 기억도 떠올려라. 다음의 표제는 기억을 떠올리는 데 도움을 줄 수도 있다.

부모, 조부모, 친척, 친구들, 남자/여자 동료들, 어릴 때의 추억, 학교, 교회, 세례, 미사, 화해 성사, 재주, 건강, 남을 도와준 일, 차지했던 지위, 재능, 지금의 나를 있게 한 유의미한 모든 사건, 사람들, 전환점 그리고 체험을 역사 연표 위에 간단한 문구로 적어라.

커다란 백지 가운데에 선을 그은 다음 거기에 태어난 해부터 현재까지 삼 년 단위로 표시하라.

2단계: 다양한 체험 사이의 관계와 내적 반응을 찾아서 적기

기억에 대한 내적 움직임은 다음을 포함하기도 한다: 부정적인 느낌, 긍정적인 느낌, 상처, 죄로 인한 피해, 하느님 현존 체험, 하느님 부재 체험, 사악한 체험, 전환점 등등.

잠시 각 사건을 다시 회상한 뒤 아래와 같이 사건이나 체험에 가시적인 상징을 표시하라.

—	부정적 체험
+	긍정적 체험
-	상처, 충격 또는 죄의 피해자 체험
~	하느님 현존 체험
?	하느님 부재 체험
X	악한 체험
T	전환점이 된 체험
0	움직임이 없음

자기 삶의 역사 속의 모든 사건과 사항 그리고 그것들에 대한 내적 움직임을 떠올리면서 그동안 받은 모든 은총을 주목하고 기록하라. "받지 않았다고 생각하지만 이미 받은 것에 이름을 붙이시오"(1 고린토 4:7).

연표를 보면서 다양한 사건과 체험과 의미 사이의 관계를 찾아서 다음과 같이 기록하라.

— 나는 조지를 만나서 이 일을 소개받았다.
— 나는 할리팍스에 있을 때 더 자유롭게 시도했다.
— 나는 실직했던 6개월 동안 자신감을 회복했다.

3단계: 과거의 사건을 떠올리며 기도하기

우리는 이렇게 하면서 예수님이 지난날의 사건event에 들어오시도록 한다. 우리의 체험은 예수님의 체험과 연결되고 이 과정을 통해 우리는 우리 자신을 더 받아들이고 치유를 받으며 감사드린다.

1. 집중하고 싶은 사건 하나를 선택하라.
2. 기도하는 분위기를 만들어라.
3. 당시의 체험을 자세하게 떠올려라(시간을 가지고 a. 사건을 묘사하고, b. 기분을 적고, c. 자신의 역사에서 하느님을 체험한 시점을 표시할 수도 있다).
   바라보고 듣고 느껴라. 상상을 통해서 그 사건을 다시 체험하라. 이 사건이 일어났을 때 예수님은 당신과 어떻게 함께하셨는가? 또는 안 계셨는가? 그때 당신의 기분은 어떠했는가?

A. 당시에 행복했다면 느낌을 하느님께 또는 예수님께 표현하라.
   이 사건에서 느낀 것을 예수님께 말씀드려라. 예수님과 대화를 나눠라. 적절히 응답하며 마쳐라.
B. 3번을 한 후에 치유가 필요한 불행한 사건이 떠오르면 그 사건에 들어오시는 예수님을 상상하라.
   예수님과 함께 회상하며 사건에 들어가라. 예수님이 그때 거기 계셨더라면 무슨 일이 일어났을지 상상으로 재구성하라. 자신의 반응을 예수님께 이야기하라. 예수님과 함께 회상에서 나오면서 예수님의 치유와 사랑에 대해 감사드려라.

4단계: 자신의 삶에서 일어난 사건과 체험 묵상하기

유의미한 사건과 체험에 이름을 붙이고 받아들이면서 하느님과 함께 성찰하라. 하느님의 현존을 보고 하느님의 현존 방식을 이해하려고 노력하라. 고독하고 분리된 순간뿐만 아니라 한결같은 동반자로, 친구로, 연인으로, 길잡이로 늘 당신과 함께하신 하느님을 관찰자가 아니라 참여자로 생각하라. 이 묵상은 다음의 활동을 포함한다.

이해하기, 모든 여파를 주목하기, 하느님, 예수님 또는 지혜로운 분과 함께 상상으로 재현하기, 자신의 과거와 화해하고 친구가 되기, 할 수 있다면 치유자인 예수님을 체험에 초대하고 사건과 체험에 대한 자신의 태도나 상처를 바꾸어 달라고 청하기. 사건이나 체험에 대한 자신의 생각과 느낌을 예수님께 이야기하기.

다음에 대해 하느님과 대화하기

- 실패에서 발견할지도 모르는 성장.
- 상처를 통한 정서적 성장.
- 거부당하면서도 무한에 대한 동경 체험.
- 강한 초월 체험에서 부름 체험.
- 불평등 때문에 실망하며 사람들이 지어낸 이야기의 영향.
- 증언하는 친구들의 충실성 이해.
- 임종하는 연인에게서 사랑과 연민 체험.
- 인정받고 신뢰받으면서 위험을 시도할 능력.

거룩하시고 하나뿐이신 하느님께서는 너의 오른편에 서 계신 너의 길잡이시다(시편 121).

나는 세상 끝날까지 언제나 너와 함께 하겠다(마태 28:16-24).

5단계: 나의 이야기 속에 있는 하느님의 활동 관상

당신과 늘 함께하시는 하느님을 알고 난 뒤 식별이 좀 어려울 수도 있는 이 단계로 들어가라. 당신은 지금 여기서가 아니라 다음 단계에서 깨달을 수도 있다. 이 단계는 당신의 삶에서 당신을 만나시는 하느님의 방법과 관련이 있다.

당신은 유일한 역사에서 유일한 인간이다. 그러므로 하느님께서 당신을 유일한 방법으로 사랑하신다. 하느님께서는 언제나 신실한 분이시기에 당신의 고유한 인격과 재능과 성격에 따라서 당신을 가르치고 이끄신다.

— 하느님께서 당신이 과거에서 알아낼 수 있는 방식으로 당신을 다루시는 것처럼 보이는가?

— 당신의 삶에서 의미 있는 부름을 체험한 적이 있었던가? 각각의 부름 사이에 어떤 점이 닮았는가?

— 당신은 언제 하느님을 가장 강하게 체험했는가? 당신은 이런 체험을 반복한 적이 있는가?

이쯤에서 잠시 시간을 내어 당신의 삶에서 일어난 다양한 사건을 둘러보고 머물며 참여하라.

하느님께서 당신을 만나고 당신이 하느님께 반응했던 것을 떠올리는 하나 또는 두 개의 성경 이야기나 상징이나 비유로 당신의 이야기에서 활동하셨던 하느님의 흔적을 찾아라.

다음은 몇 가지 가능한 예이다.

- 집을 떠났고 나중에 화해한 것은, 되찾은 아들의 비유나 죽었다 살아나는 주제와 같을 수 있다.
- 특별한 사람을 만난 것은, 목자로서 나를 이끄시는 하느님을 만난 것과 같거나 하느님의 손안에 있던 것과 같을 수 있다.
- 혼자 있었던 헬리팍스는 예수님이 머물렀던 사막과 같았다.
- 굶주린 사람들을 위한 모금은 예루살렘을 향해 우시는 예수님과 같을 수 있다.
- 자캐오의 회심은 예수님을 새롭게 만났을 때의 관대하고 기쁜 순간일 수 있다.

하느님께서 하느님의 영으로 당신을 내적으로 강하게 해주시기를 바랍니다(에페소 3:14-21).

● 담화
기도하면서 때때로 현존하는 성삼위께서 당신을 만나시는 방법을 깊이 알게 해 달라고 청하며 느낌과 생각을 성삼위께 표현하라.

내 역사에 존재하시는 하느님 기억하기[23)

우리는 모든 것 안에서 존재하시는 하느님을 발견할 수 있음을 믿고 안다. 창조주께서는 우리 삶의 모든 사건과 차원에 존재하신다. 그러나 나의 온 생애 동안 함께하신 창조주 하느님은 정말로 나를 사로잡는가? 이 수련은 과거와 현재의 내 삶에서 일어난 사건에 존재하시는 삼위일체 하느님을 발견하게 도와준다. 기억은 하느님께서 존재하시는 성사이다.

기도 자료는 사건, 체험, 살아온 길에서 만난 사람들, 받은 선물, 성취, 실패가 포함된 내 역사이다. 나는 하느님 앞에 머물면서 기억을 떠올리며 내 역사의 여러 사건을 관상하듯이 바라본다. 나는 신성한 목자께서 내 삶에 어떻게 관여하셨는지 찾아본다.

기도에 들어가기

장소-자세-하느님의 현존.

● 구하는 은총
내 역사에 존재하시는 창조주 하느님에 대한 깊은 인식.

첫 단계

기억하며 시작하라. 기억은 자기 삶의 사건과 그것에 대한 내적 반응의 인식이다. 사건을 떠올리고 드러내라. 자신에게 의미(기쁨과 고통)를 주거나 아직 의미를 발견할 수 없기에 계속 의미를 찾고 있는 것을 떠올려라. 충격적이었던 핵심 체험은 여전히 숨어 있을지도 모른다. 그러나 당신은 떠오른 다른 사건 때문에 무엇인가를 깨닫게 될 것이다. 하나의 기억에 이어서 다른 기억이 떠오르게 하라. 이것은 논리적이거나 순차적이지 않을 수도 있다.

다음의 단어들이 기억을 상기하는 데 도움을 줄 수 있다: 후견인들, 친구들, 학교, 세례, 첫 영성체, 건강, 어릴 때 사건, 조부모, 친척, 남녀 동료들, 교회 활동, 갈등, 재능, 다섯 가지 감각, 남을 도움, 차지했던 지위.

> … 나는 다른 사람들을 통해서 왔고 나의 혈통에서 생겨났다. 나의 후견인들, 숙모들, 아버지, 어머니, 삼촌들, 내 형제와 자매들이 지금의 나를 있게 했다. 내 생각과 호불호, 가치 있고 감사하게 여기는 것의 대부분은 그들로부터 물려받았다. 친근한 이것들은 내 의식 깊은 곳까지 닿아 있다. 내 편견과 선입견, 내 행동과 내 입맛, 나의 논리는 내가 살아온 공동체로부터 형성된다.
>
> — 반 비르맨의 '호칭' 적용

자기 삶의 역사에서 모든 사건과 사항을 떠올리면서 받은 선물을 주목하고자 노력하라. '네가 가진 것 가운데 받지 않은 것을 말하라'(고린토 1서 4:7).

벌거벗고 세상에 태어난 몸 알몸으로 돌아가리라. 야훼께서 주셨던 것, 야훼
께서 도로 가져가시니 다만 야훼의 이름을 찬양할지라(욥기 1:21).

둘째 단계

물려받은 습관을 떠올린 뒤에 이제 자기 삶에서 하느님께서 어떻게 함께하셨는지 주목하기 시작하라. 당신은 먼저 하느님을 강렬하게 느꼈던 결정적인 체험이나 하느님께서 안 계셨기에 공허했던 체험을 회상하면서 시작할 수 있다. 하느님께 대한 긍정적이거나 부정적인 인식은 자신의 삶에서 하느님 현존의 표지가 될 수 있다. 그다음에 당신은 하느님께서 희미하게 현존하셨던 것도 찾아보기 시작할 수 있다.

그러한 순간을 나열하는 것이 도움이 된다고 하더라도 그것을 깊이 느끼며 이해하기 위해서 그냥 떠올리고 맛보는 것도 매우 중요하다. '하늘에 올라가도 거기에 계시고 지하에 가서 자리 깔고 누워도 거기에도 계십니다'(시편 139:8).

셋째 단계

지금까지의 체험을 다시 자세히 살펴보라. 이번에는 다음의 이미지나 이름으로 계시하시는 하느님을 어디서 체험했는지 찾아보라: 빛, 진리, 어머니, 아버지, 친구, 연인, 거룩한 분, 심판, 창조주, 충실한 분, 나의 바위, 나의 남편, 자비, 크신 영, 숨어계신 분, 이름 없는 분, 보살피시는 분.

넷째 단계

당신은 이런 순간을 떠올리고 난 뒤에 다른 각도로 한 번 더 떠올릴 수 있다. 당신은 이제 훨씬 더 역동적으로 **언제나** 다음과 같이 자신과 함께하신 하느님을 주목하려고 노력할 것이다. 하느님은 고독하고 분리된 순간뿐만 아니라, 항상 당신의 동반자요 친구며 연인이고 길잡이였고, 관찰자가 아니라 참여자셨다. 당신 자신의 역사는 구원의 역사임이 틀림없다.

네가 물결을 헤치고 건너갈 때 내가 너를 보살피리니 그 강물이 너를 휩쓸어 가지 못하리라. 네가 불 속을 걸어가더라도 그 불길에 너는 그을리지도 타버리지도 아니하리라. 나, 야훼가 너의 하느님이다. 이스라엘의 거룩한 자, 내가 너를 구원하는 자다(이사야 43:2-3).

다섯째 단계

이 단계를 시작하기 전에 자신의 삶에 늘 함께하시는 하느님의 현존을 깊이 인식하라. 이제 감지하기가 더 어려울 수도 있는 이 단계로 들어가라. 당신은 많은 세월이 흐른 뒤에 이 단계를 깨닫게 될지도 모른다. 이 단계는 하느님께서 당신과 접촉하시는 방법이나 방식에 관한 것이다. 당신은 유일한 역사에서 유일한 인간으로서 유일한 방법으로 하느님의 사랑을 받는다. 언제나 충실하신 하느님께서는 당신의 인격과 재능과 성격에 맞추어 당신을 만나신다.

당신은 자기 삶의 다양한 움직임을 감지하려고 노력하면서 기억을 탐색하기 시작할 수 있다. 예를 들면

— 성공과 실패의 고리
— 힘들었던 지난 해들(달들), 좋았던 지난 해들(달들)
— 홀로 있었던 기간이나 함께 지냈던 날들
— 용서했던 때와 분명하게 보았던 때
— 고난의 시기와 열정의 시기
— 일의 주기와 휴식의 주기
— 기쁨-고통-두려움-용기-욕구-관대함의 패턴

하느님께서는 눈에 띄는 패턴으로 당신을 다루시는 것처럼 보이는가?
당신의 삶에서 분명하게 여겨지는 부름이 있는가?
각각의 부름 사이에 서로 닮은 점이 있는가?

앞으로 내가 이스라엘과 새로운 계약을 맺을 날이 온다(예레미야 31:31).

이스라엘 백성들은 계약의 방식을 체험하였기 때문에 그들에게 영향을 미칠 사건이 일어날 것을 예상할 수 있었다. 이것이 그들과 만나는 하느님의 유일한 패턴이었다. 이와 같은 계약의 방식은 그들을 이끄는 하느님의 영을 인식할 수 있는 시금석이었다. 그들은 이런 역동적인 패턴으로 언젠가 하느님께로 나아간다는 희망과 기대를 가질 수 있었다.

당신을 만나는 하느님의 방식pattern은 하느님의 현존을 알아보는 데 도움을 줄 수 있고, 당신의 삶에서 그리스도의 평화와 진정한 위안을 식별하는 시금석이 될 수 있다.

하느님과 대화

수련하는 동안 느낌과 생각을 하느님께 때때로 표현하라. 당신은 늘 함께하시는 하느님과 조화를 이루는 하느님의 이름과 이미지를 사용할 수 있다.[24]

영신수련 원리와 기초

직역에 가까운 표현

우리는 하느님을 찬미하고 경배하고 섬기기 위하여 창조되었다.

지구상의 모든 다른 사물은 우리의 목적을 이루는 데 도움을 주기 위해 창조되었다.

따라서 모든 사물이 우리의 목적을 이루는 데 도움이 되는 만큼 그것을 사용해야 하며, 방해가 되는 만큼 그것을 사용하지 말아야 한다.

그러므로 우리가 영향을influence 주거나 지배하는control 모든 사물에 대해 우리는 치우치지 않을(자유롭거나 애착하지 않음) 필요가 있다.

결국 우리로서는 질병보다 건강을, 가난보다 부를, 단명보다 장수를, 모욕보다 명예를 선호하지 말아야 하고, 그 밖의 모든 사물에 대해서도 마찬가지이다.

우리의 지속적인 관심과 최종 선택은 언제나 우리가 창조된 목적과 조화를 이루어야 한다.

직역을 확대 해석 ─ 의역

우리는 하느님의 사랑과 영원한 생명을 나누기 위해 창조되었다. 우리는 찬미와 섬김과 공경으로 하느님의 사랑을 표현한다. 우리는 마음과 정신과 뜻을 다하여 하느님을 사랑해야 한다.

하느님의 모든 피조물은 하느님의 사랑과 생명을 나누도록 만들어졌다. 그러므로 모든 인류와 더불어 우리는 다른 피조물과 하나가 되어 사랑스러운 창조주와 더 깊은 관계를 이루도록 초대되었다.

다른 피조물이 이 깊은 관계를 방해할 때마다 우리는 이것이 우리의 소명 추구를 방해하는지 점검해야 한다. 따라서 우리는 우리와 피조물과의 관계를 검토할 필요가 있다. 종종 우리는 방해물로부터 우리 자신을 분리하는 선택을 할 필요도 있다.

우리는 오직 창조 자체를 추구하고 서로 보살피는 데 있어서 인류 가족의 다른 구성원들과 협력함으로써 하느님과 깊은 관계를 형성하며 성장할 수 있다. 하지만 우리가 피조물에 의존한 나머지 하느님과의 근본적 관계에서 멀어지거나 격리되어서는 안 된다. 이것은 우리가 일이나 삶과 관련된 선택을 할 때마다 우리는 창조를 방해하는 장수나 단명, 건강이나 질병, 부나 가난, 안락이나 불편, 수용이나 거부, 높은 지위나 낮은 지위와 같은 관심사로부터 내적으로 자유롭다는 것을 뜻한다.

그러므로 우리는 모든 선택과 선택에서 비롯된 모든 것을 통해서 빛나게 되는 하느님과의 관계를 최우선으로 삼아야 한다.

앞의 내용과 조화를 이룬 표현

우리를 위해 용기를 내서 완벽한 세상이 아니라 더 좋은 세상을 바라시는 하느님과 밝은 미래를 믿자. 우리 그리스도인들이 믿고 있는, 완벽한 세상은 하느님께서 모든 것 안에 모든 것이 되시는 지평선 너머 끝없이 펼쳐진 영원한 곳에 있다. 그러나 우리 인간의 손과 마음 그리고 생각으로 만들어지는 더 좋은 세상은 여기에 있다.

믿음의 공동체에게 부활한 그리스도는 모든 것의 시작이고 끝이다. 모든 것은 그분을 통하여 창조되었고, 모든 것은 그분을 통하여 하느님께로 돌아갈 것이기 때문이다.

우리는… (이 시대의 도전과) 놀라움을 직면하고 있는 우리를 지지하는 부활하신 그리스도를 믿고 있다. 우리는 태초에 현존하신 하느님의 말씀과 역사 그리고 오늘 우리와 함께 현존하시는 강생한 말씀… 말씀, 성사 그리고 성령(예수님)을 바라고 믿는다. 하느님의 영은 자유로운 우리를 존중해서 우리의 문제를 풀어주지 않지만, 우리가 하느님 나라의 방식으로 창조하고 책임을 지도록 우리를 지지하신다…. 우리가 이렇게 할 때 우리 가운데서 지속적으로 하느님의 업적이 드러난다. 그것은 요한묵시록의 선지자가 예언한 아름다운 마지막 나라 가운데 언젠가 나타나게 될 것이다. - 핵 시대에 대한 미국 주교들의 사목교서 각색

그 뒤에 나는 새 하늘과 새 땅을 보았습니다. 이전의 하늘과 이전의 땅은 사라졌습니다. 그때 나는 옥좌로부터 울려 나오는 큰 음성을 들었습니다. '보아라, 이제 하느님의 집은 사람들이 사는 곳에 있다. 하느님께서 사람들과 함께 계시고 사람들은 하느님의 백성이 될 것이다. … 보아라, 내가 모든 것을 새롭게 만든다'(요한묵시록 21:1-5).

그리스도의 영혼은 저를 거룩하게 하소서.

그리스도의 몸은 저를 구원해 주소서.

그리스도의 피는 저를 취하게 하소서.

그리스도의 늑방의 물은 저를 씻겨주소서.

그리스도의 수난은 저에게 힘을 주소서.

오, 선하신 예수님, 저의 기도를 들어주시어

당신 상처 속에 저를 숨겨주시고

당신을 떠나지 않게 해주시며

사악한 원수로부터 지켜주소서.

제가 죽을 때에 불러주시어

당신께 오라 명하시고

당신의 성인들과 더불어

영원토록 당신을 찬미하게 하소서. 아멘.

은총이 가득하신 마리아님 기뻐하소서.

주님께서 함께 계시니 여인 중에 복되시며

태중의 아들 예수님 또한 복되시나이다.

천주의 성모 마리아님,

이제 와 저희 죽을 때

저희 죄인을 위하여 빌어주소서. 아멘.

첫째 수련[25)

나의 이미지와 그 이미지가 빚어낸 창조에 담긴 악의 신비에 대한 생각과 태도와 반응에 몰두하기.

기도에 들어가기: 장소-자세-하느님의 현존

나는 하느님의 피조물이고, 우주의 한 부분으로 지구에 살고 있으며, 인간 가족의 구성원이다. 나는 현실에서 몇 가지 진실을 떠올린다. 때때로 나는 나 자신이 묶여 있고, 주저하며, 간절히 바라는 희망을 이룰 수 없음을 체험한다.

나는 내가 하는 일을 도무지 알 수 없습니다. 내가 해야겠다고 생각하는 일은 하지 않고 도리어 해서는 안 되겠다고 생각하는 일을 하고 있으니 말입니다 (로마 7:15).

나는 무엇인가 잘못되어가고 있는 인간 가족에 속해 있다. 나는 자주 소외되고 이질감을 느낀다. 나는 나 자신이 되고 싶은 사람과는 전혀 다른, 마치 유산을 탕진한 탕자처럼 여겨지는 때가 있다(루가 15:16). 때때로 나는 이런 악한 상황에 스스로 '동의'했다. 가끔 거의 생각지도 않게 나는 죄의 희생자가 되거나 상처받도록 반응해서 일을 그르쳤다. 나 또한 상처받았음에도 나만의 방법으로 신비한 악에 이바지했을지도 모른다. 나는 다양한 방법으로 묶여 있는 자신을 체험하며 내 안에 있는 하나 또는 그 이상의 부작용과 중죄를 짓는 경향에서 결코 벗어나지 못한다.

나는 심각한 죄와 무질서한 결정 그리고 세상에 만연한 역기능적 행동으로 일어난 끔찍한 결과를 알고 있다. 탐욕과 같은 단 하나의 심각한 무질서조차도 한 사람의 인간성을 파괴하고, 지속적으로 해를 입히고, 수많은 사람을 파괴할 수 있다. 나는 하느님의 은총이 배제된 무질서가 하느님에게서 나를 영원히 떼어놓을 수도 있음을 믿음으로 알고 있다. 나는 망가지거나 잊히지 않고 보호받고 있기에 내 삶에 영향을 주는 수많은 무질서 속에서도 살아 있다. 나는 여전히 보호받고 있다.

그래서 나는 하느님, 성령 그리고 사랑하는 창조주께 원하고 바라는 것을 청한다. 여기서 나는 **선하신 하느님 앞에서 당황하고 놀라게 해달라는 은총을 청할 것이다. 나는 여전히 보호받고 있다.** … 그래서 나는 이 순간 나를 붙잡고 나를 보살피시는 하느님 앞에 있다.

은총을 얻기 위한 준비

1) 먼저 우리는 타락한 천사들의 죄를 다루는 성경의 뚜렷한 이미지 하나를 사용할 수 있다. 이러한 이미지는 아름다운 존재가 지닌 중요하고 성스러운 이야기를 전해 준다. 그들은 이해하고 심

판할 수 있는 심오한 자유를 은총의 선물로 받고 창조되었지만, 선물로 받은 자유를 사용해서 창조주를 섬기라는 명령을 거부하였다. 신적 생명을 부여받은 그들 자신은 아름다움을 누렸음에도 피조물인 자신들의 한계를 받아들이지 않았다. 교만해진 그들은 은총의 대상에서 증오의 대상으로 바뀌었다. 나는 이 이야기를 성찰하고 숙고하며, 그들의 파괴적인 행위 하나를 내 안의 수많은 파괴적인 행위와 반응과 비교할 것이다. 왜 나를? 왜 내가 여전히 보호받고 구원받고 있는가?(요한 8:44; II베드로 2:4; 요한 1서 3:8; 마태오 25:41)

2) 우리는 다시 성경으로 돌아가서 에덴동산(창세기 1:26-27; 3:1-3)이라는 또 다른 강력한 이미지를 사용할 수 있다. 성스러운 이야기에 표현된 무질서한 태도와 결정을 다양하고 파괴적인 자신의 태도 및 결정과 비교하라.

어떻게 성스러운 하느님의 말씀이 바로 이 순간까지 이어지는 먼 과거의 신비와 소통할 수 있는지 성찰하라. 또한 우리가 최선을 다하고 있음에도 우리 자신, 다른 사람들의 실수와 죄악 그리고 잘못된 결정으로 어떻게 영향을 받고 억압받았는지 성찰하라. 이 이야기는 우리 자신을 반영한 것이다. 그러나 지금도 우리는 악과 환상을 계속 체험하며 지식의 나무 열매를 따 먹고 있다. 우리도 망가진 인간 가족의 구성원으로서 부지불식간에 망가진 인간 가족과 죄의 역사에서 우리의 역할을 수행하고 있다(로마 5:12-21). 그렇지 않다면 어떻게 그런 비극적인 결과가 세대를 통해서 전해지겠는가? 왜 아직도 우리는 악의 작용으로 완전히 파괴되지 않았는가? 아니다. 우리 그리고 나 자신은 바로 이 순간에 구원받고 있다.

3) 또는 오직 우리는 단 한 번의 근본적인 잘못이나 비참한 결함이 있는 사람을* 상상할 수 있다. 그리고 그는 그것 때문에 자신의 창조주이며 사랑스러운 하느님께 대항하였다. 그 예는 탐욕, 완벽주의, 책임에 대한 두려움 또는 자신의 행동에 영향을 주는 역기능 중의 하나이다. 어떻게 그런 경향 중의 하나가 그의 마음에 강하게 자리 잡고** 하느님의 사랑을 영원히 거부하도록 만들었는지 상상하라. 그래서 수많은 무질서한 결정으로 이끄는 애착과 생각에 영향을 주는 수많은 무질서를 체험하는 자신과 상상의 인물을 비교하라. 왜 나를? 왜 내가 지금까지 보호되고 구원받았는지 물어보라.

대화

십자가 위의 주 예수님을 상상하면서 나의 창조주이신 그분이 어떻게 자신을 낮추어 인간이 되셨으며, 영원한 생명으로부터 덧없는 죽음으로 와서 나의 죄 때문에 죽으실 수 있었는지 여쭤보라. 계속 예수님과 대화하라. 상상으로 예수님과 이야기하라. "나는 당신을 위해 무엇을 했나요? 나는 당신을 위해 무엇을 하고 있나요? 나는 당신을 위해 무엇을 해야 하나요?"라고 질문하라. 십자가에 못 박히신 예수님을 바라보면서 그 십자가 때문에 내 안에서 일어나는 것을 곰곰이 생각해 보라. 주님의 기도로 마쳐라.

* 종종 일어날 수 있는 사례

친구들의 구설수에 오른 다음과 같은 여인이 있다. "그 일을 겪으면서도 속마음을 말하지 않는 그녀가 정말 안 됐다. 마음이 엉망진창인 그녀는 아이들에게서 위로를 찾고 있다!" 아마도 이 단계에서는 무책임하거나 도덕적이라기보다는 '심리적'일 수도 있는, 그러나 사려 깊지 않고 은총을 배제한 무질서가 자신을 파괴하고 많은 사람에게 해를 입힐 수 있다.

** 3천 5백만 명이 죽은 제2차 세계대전, 1,700여 도시가 파괴됨. 거의 모든 사람이 살 곳을 잃어버림 — 몇몇 사람들이 파괴의 상징인 전쟁을 기획하고 지휘했으며, 많은 사람이 대가를 치렀다.

둘째 수련

나는 창조의 악한 상황에서 사는 죄인이다.

기도에 들어가기: 장소-자세-하느님의 현존

첫째 수련과 마찬가지로 마음을 가라앉혀라. 십자가에 계신 창조주 덕에 나는 목숨을 유지했다. 나는 매우 다양한 방법으로 묶여 있고 갇혀 있으며, 죄를 많이 지었고 망가졌다. 나는 이 순간 창조의 악한 상황에 적극적으로 참여할 뿐만 아니라 지금까지도 과거의 사람이다. 나는 과거를 가지고 산다. 나는 나의 어두운 역사 속에서 살았다. 그래서 나는 지금 여기서 나를 바라보며 보살피시는 하느님 앞에서 나의 현재 그리고 과거와 함께 있다.

그러므로 사랑스러운 하느님께 원하고 바라는 것을 청하라. 여기서 나의 **죄를 몹시 슬퍼하며 눈물을 청해야** 할 것이다.

은총을 얻기 위한 준비

1) 이것은 부서지고 악한 나의 기록이며, 어둡고 무질서한 나의 역사이다. 분명하게 의식하며 해마다, 시기마다 살았던 장소, 만났던 사람들, 누렸던 지위를 돌아보면서 무질서했던 나의 삶을 회상하라. 지난날 나의 무질서한 사건을 회상하면서 사건을 자세하게 보기, 말한 것 듣기, 관계된 사람들을 바라보는 방식으로 상상하며 유의미한 것을 기억하라. 내가 이 모든 것을 회상하면 과거는 여기서 언제나 선하신 하느님의 보호를 받는 현재가 된다.

2) 이어서 나는 다음과 같은 이야기를 통해 드러나는 무질서한 애착과 경향을 더 깊이 이해하고자 노력할 것이다.

   (1) 그것을 금하는 법이 없을지라도 근원적인 악과 원한을 이해하려고 노력하라. "형제나 자매를 '멍청이'라고 부르는 마음에 담긴 악이 우리를 지옥의 불에 던진다"는 예수님의 가르침을 깨닫게 해달라고 청하라(마태오 5:22).

   (2) 무질서한 경향이 매일의 의식적이고 무의식적인 선택과 관계에서 벌어지는 사건을 지배하려는 자신의 방식에 주는 영향을 이해하려고 노력하라.

3) 다음과 유사한 질문으로 우주에 있는 자신의 처지를 상상하라. 지구에 살고 있는 수많은 사람과 나를 비교하면? 창조된 모든 정신과 물질의 세계와 모든 사람을 비교하면? 모든 피조물을 하느님과 비교하면? 그렇게 비교하면 나 홀로 무엇이 될 수 있는가?

그리고 이러한 관점에서 악하고 무질서한 선택으로 남에게 영향을 끼치는 자신을 상상하라. 마치 그것은 작은 시냇물이 거대한 강물로 흘러 들어가고 한 줌의 연기가 공기를 오염시켜서 산성비를 만들고 암세포 하나가 건강한 몸을 침범하듯이 헛소문 하나가 온 나라를 헤집어 놓는 것과 같다.

4) 하느님의 속성을 곰곰이 생각하고 그것과 반대인 자신의 속성을 다음과 같이 비교하면서 하느님께 죄를 지은 자신을 숙고하라: 지혜로우신 하느님과 무지한 나, 크신 하느님과 미소한 나, 정직하신 하느님과 속이는 나, 그지없이 사랑하시는 하느님과 편애하는 나, 피조물의 다양성을 즐기시는 하느님과 지배하고 싶은 나.

5) 우리가 죄인임에도 모든 피조물과 우주의 물질 그리고 수많은 사람은 언제나 성실하게 우리를 도와주고 우리를 섬겼다. 우리는 살아 있고 은총과 사랑을 차고 넘치게 받았으며 하느님께서 우리를 보살피신다. 그러므로 모든 피조물이 어떻게 우리를 살게 해주고 우리의 생명을 유지시켜 주는지 살펴보라. 어찌하여 천사와 성인들은 우리를 위해 기도하는가? 어찌하여 하늘과 해, 달과 별들 그리고 모든 원소는 끝없이 우리를 섬기는가? 어찌하여 우리는 살아 있는가?

대화

때때로 나는 사랑스러운 우리 하느님께서 나에게 생명을 주고 계속해서 자비를 베풀어주심에 감사드리면서 구원의 바위께 나의 생각을 털어

놓을 것이다. 나는 놀라운 신비가 내 마음을 건드리도록 허락할 것이다.
나는 하느님 은총의 도움을 받으면서 앞으로 더 깊은 은총 속에서 살게
도와주는 결정을 내리겠다고 다짐할 것이다.

　　주님의 기도로 마쳐라.

셋째 수련

첫째와 둘째 수련을 되풀이하며 세 개의 담화를 하기

앞의 두 수련처럼 은총을 구하는 기도를 하고 자신을 준비하며 수련을 시작한 뒤에 이미 체험했던 요점에 집중하거나 머물러라.

1) 더 강한 위안
2) 황폐
3) 더 깊은 영적 이해

반복 기도 중이나 반복 기도 끝에 다음의 세 개의 담화를 하라.

1. 첫째 담화: 성모님께 당신의 아들인 주님께 다음과 같은 은총을 얻을 수 있게 해달라고 간구하라.

— 다음에 대한 깊은 이해와 지식

1) 나의 삶에 끼친 세상의 영향
2) 그것에서 흘러나온 나의 선택과 행동 밑에 숨겨진 무질서한 애착 과 경향
3) 나의 죄와 잘못

― 나는 나의 무질서를 혐오하기에 앞으로 올바른 삶과 행동을 선택 할 것이다. '성모송'을 바쳐라.

2. 둘째 담화: 예수님께 당신의 아빠에게서 이러한 은총을 얻을 수 있게 해달라고 청하라. '그리스도의 영혼을 바쳐라.
3. 셋째 담화: 어머니이거나 아버지 또는 창조주이고 영원한 주님 이신 하느님께 이러한 은총을 청하라. '주님의 기도'를 바쳐라.

넷째 수련

이것은 또 다른 반복이다. 이것은 앞의 수련에서 숙고했던 자료를 떠올리고 더 깊이 생각하는 일종의 요약이다.

당신은 여러 가지 방법으로 이 수련을 할 수 있다.

1) 사려 깊은 성찰

당신이 정감적으로 또는 정서적으로 깊이 체험했다면, 이 수련으로 성찰해도 좋고 체험에서 발견한 의미를 적어도 좋다.

필수적인 것이 아닌 것에서 필수적인 것, 돌아가고 싶고 더 깊게 나아갈 필요가 있는 곳이나 찾고 있는 은총에서 멀어지게 만드는 것처럼 보이는 것, 자신에게 너무 몰두했던 곳이나 충분히 몰두하지 않은 곳, 하느님의 가족을 성숙하게 섬기는 데 방해되는 것에 집중하기보다 자기 교정과 개선에 사로잡혔던 곳.

2) 배경 주제

당신이 기도 회고를 기록했으면 배경과 어느 정도 연관된 주제를 읽으면서 숙고해도 좋다.

3) 주변적 심상

우리가 한 가지 소리를 집중해서 들을 때 종종 그 소리 때문에 주목하지 못하지만 들려오는 다른 소리도 있다. 다른 소리는 우리의 관심에서 벗어난다. 이렇게 우리가 시선을 하나에 집중하면 다른 것은 주변적인 것이 된다. 기도 중이나 기도 사이에 일어나는 모든 스쳐 가는 생각, 내적 잔상, 통찰, 기억, 느낌은 주변적 심상peripheral imagery이다. 가끔 이것은 구하는 여러 은총 중에 하나를 받아들일 수 있는 친근한 영감inspirations을 우리에게 준다. 그러므로 우리는 수련 중에 주변적 심상에 돌아가서 머문다.

마찬가지로 '세 개의 담화'로 마쳐라.

다섯째 수련

나는 바로 지금 지옥에서 구원됐다.

기도에 들어가기: 장소-자세-하느님의 현존

내 죄와 은총은 온 생애에 걸쳐 안팎으로 나에게 영향을 주었다. 나의 과거는 여러 가지 방법으로 지금의 내가 되었다. 여전히 나는 지옥의 씨앗을 내 안에 갖고 있다. 예수님의 은총이 내 안에서 작용하지 않으면 나의 무질서한 애착과 습관은 당연히 나를 지옥으로 끌고 간다. 그래서 나는 지금 나를 바라보시는 하느님 앞에 있다.

그러므로 나는 다음과 같은 은총을 간절히 청한다.

— 하느님의 자비로운 사랑을 인식하는 은총.
— 나의 잘못으로 하느님의 자비로운 사랑을 잊는다 할지라도 파괴적인 결과가 무서워서 죄악의 신비에 힘을 더해주는 무질서한 결정을 내리지 않도록 타락한 자가 두려워하는 고통을 깊이 인식하는 은총.

구하는 은총에 맞게 나 자신을 준비시키는 방법

1. 하느님께서 다양한 방법으로 내게 드러내시는 이 현실에 머물거
   나 숙고하라.

   이사야 5:1-; 루가 16:19-31; 마태오 25:14-46

2. 보고, 듣고, 냄새 맡고, 맛보고, 만지면서 이 현실과 연관된 하느
   님의 말씀이 드러난 이미지에 머물러라.

마태오 25:30	'어두운 곳에서 가슴을 치고 통곡할 것이다.'
루가 16:24	'저는 불꽃 속에서 심한 고통을 받고 있습니다.'
루가 16:26	'너희와 우리 사이에는 큰 구렁텅이가 가로놓여 있다…'
요한묵시록 13:6	'그래서 그 짐승은 하느님을 모독했다.'
마르코 9:43	'영원한 불 속에 들어가는 것.'
마태오 25:41	'나에게서 떠나 악마와 그의 졸도들을 가두려고 준비한 영원한 불속에 들어가라.'

3. 구원받지 못한 채 버려졌다고 가정하고 자신의 무질서가 가져온
   결과를 상상으로 체험하라.

   ― 자신이 체험한 하나 또는 몇 가지 무질서를 선택하라.
   ― 은총으로 보호받지 못한 채 무질서에 빠지도록 허락했다면 무질서가
   가져온 결과를 생각하라.
   ― 영원히 그것과 함께하라.

― 그것을 맛보고, 듣고, 냄새 맡고, 만지고, 보라.

담화

우리의 죄악이 가져온 끔찍한 결과를 마음에 새기면서 관상 전반에 걸쳐서 때때로 예수님과 대화하라.

타락이란 하느님이나 다른 사람들과의 관계를 끊고 오로지 자기 안에 갇혀 있다는 뜻이다. 차디찬 옹고집은 타락의 최대한 표현이고, 죄는 타락 자체를 최대한으로 표현한다.

그러므로 나는 여전히 나를 살게 하고 영원한 죽음이나 신비롭게 늘 현존하는 죄악이 나를 덮치도록 허락하지 않으신 하느님께 감사드린다. 지금 바로 이 순간까지 하느님께서는 아주 깊은 사랑과 자비를 내게 베풀어 주신다.

예수님이 가르쳐주신 주님의 기도로 마쳐라.

예수님의 일에 동참하도록 부름받음

모든 사람은 하느님 나라의 건설과 하느님의 집에 초대되었다. '하느님께서
는 주님이신 예수님을 통하여 만물과 화해하기를 원하셨습니다'(골로사이
1:19-20).

숙고 안내

인류 역사에는 위대한 사람들이 있다. 그들은 다른 이들에게 매력적
인 전망vision을 제시해서 관대한 마음을 갖도록 했을 뿐만 아니라 추종자
들을 이끌었다. 즉 고무적인 이들은 스스로 함께 수고하고 고통을 받으며
일하였고, 같은 방법으로 추종자들을 격려하고 그렇게 따르기를
기대했다.

인간 가족 중의 몇몇이 그런 환상적인 영웅들과 여걸들(도로시 데이,
오스카 로메로, 마오쩌둥, 마하트마 간디, 윈스턴 처칠, 마틴 루서 킹, 잔 다르크,
체 게바라, 마더 테레사 등등)에게 어떻게 응답했는지 생각해 보라. 어떤
이들은 재산을 포기하였고, 어떤 이들은 명성을 버렸으며, 어떤 이들은
몇 달 또는 몇 년 동안 정글과 들판에서 지냈고, 어떤 이는 사회적으로

짓밟힌 이들과 함께하였으며, 어떤 이들은 생명의 위험을 무릅쓰거나 생명을 포기하였고, 어떤 이들은 소외된 삶을 선택했다.

이 수련에 담겨 있는 질문

나는 구세주인 예수님께 어떻게 응답할 것인가? 그분은 나를 위해 할 수 있는 모든 것을 했고 내게 나눠 주셨다(그분은 십자가에서 죽고 성령을 보내면서 나를 끊임없이 구원하고 함께하신다). 그와 같은 은인에게 어떻게 응답해야 하는가? 모든 사람은 지상에서 하느님 사랑의 결과를 경축하는 새로운 인류 공동체를 건설하자는 예수님의 전망에 어떻게 응답할 것인가? 나는 모든 사람을 하느님의 집으로 불러들이는 데 협력하기를 원하시는 예수님께 어떻게 응답할 것인가? 그분은 나를 위해 가능한 모든 것을 주고 있는데 나는 그분에게 무엇을 되돌려 드릴 것인가?

청할 은총

주님이고 하느님이신 예수님의 전망을 외면하거나 부름에 귀를 막지 않고 **도와달라는 예수님의 요청을 기꺼이 듣고 협력하게 해달라는 은총**을 청하라.

은총을 얻기 위한 준비

1. 예수님의 행적을 바라보라.

예수님께서는 여러 도시와 마을을 두루 다니시며 하느님 나라를 선포하시고 복음을 전하셨는데 열두 제자도 같이 따라 다녔다(루가 8:1).

2. 예수님의 선포를 들어라.

- 나는 세상의 빛이다(요한 8:12).
- 고생하며 무거운 짐을 지고 허덕이는 사람은 다 나에게로 오너라(마태오 11:28).
- 나는 세상에 불을 지르러 왔다. 그 불이 이미 타올랐다면 얼마나 좋을까?(루가 12:49).
- 나는 하늘과 땅의 모든 권한을 받았다. 가서 모든 나라를 가르쳐라(마태오 28:19).
- 내 아버지께서 나를 보내 주신 것처럼 나도 너희를 보낸다(요한 20:21).
- 그렇다 내가 왕이다… 그러나 내 나라는 이 세상 것이 아니다(요한 18:36-37).
- 마음이 가난한 사람은 행복하다(마태오 5:3).
- 가서 가진 것을 다 팔아라(마르코 10:21).
- 나는 머리 둘 곳조차 없다(루가 9:58).
- 모욕을 당하고 박해를 받으며 터무니없는 말로 갖은 비난을 다 받게 되면 너희는 행복하다(마태오 5:11).
- 나는 대사제들과 율법학자들의 손에 넘어가 조롱과 채찍질을 당하며 십자가에 매달릴 것이다(마태오 20:18-19).

이 모든 것의 의미를 생각하라

예수님은 주님이시다. '그리스도께서는 보이지 않는 하느님의 형상이시며 만물에 앞서 태어나신 분이십니다. 만물은 그분을 통해 그리고 그분을 위해 창조되었습니다… 그분은 만물의 으뜸이 되셨습니다…. 왜냐하면 하느님께서는… 그분을 통하고 그분을 위해서 만물을 화해시키기를 원하셨습니다…'(골로사이 1:15 이하).

예수님을 통해서 하느님께서 민족들을 모으시기를 원하신다. '아버지의 백성을 끊임없이 모으시어 해돋이에서 해넘이까지 깨끗한 제물을 드리게 하시나이다'(감사기도 제3양식).

당신은 외아들 성자 우리 주 예수 그리스도를 영원한 사제요 모든 피조물의 첫째로 삼으셨습니다. 그리스도는 당신의 진리와 생명의 영원한 나라에 대한 신성한 주권과 거룩하고 은총이 넘치는 나라, 정의와 사랑 그리고 평화의 백성을 바치셨습니다(그리스도 왕 대축일 감사송을 바꾸어 씀).

예수님은 우리 모두를 초대하신다. 그것은 다음과 같은 말로 요약될 수 있다.

나는 온 세상과 모든 원수를 정복하여 내 아버지의 영광 안에 들어가려고 한다. 나와 함께 가기를 원하는 사람은 나와 함께 일해야 한다. 고통 중에 나를 따르는 이들은 영광 중에도 나를 따르게 하겠다.

모든 사람은 이러한 초대에 어떻게 응답해야만 하는가?

자신들의 사랑을 더 강력하게 드러내고 또 모든 것의 주인을 탁월하게 섬기기를 원하는 사람들은 어떻게 응답해야 하는가?

로욜라의 이냐시오는 다음과 같이 제안한다.

그들은 이 사업에 자신을 온전히 바칠 뿐만 아니라 다음과 같은 말로 이기심과 세속적이며 자기중심적인 사랑을 거슬러 더 고귀하고 더 가치 있는 봉헌을 할 것이다.

온 누리의 영원하신 주님, 당신의 은혜와 도움으로 무한이 선하신 당신과 영예로운 당신의 어머니와 천상의 모든 성인 성녀들 앞에서 저를 바칩니다. 오직 당신을 더 섬기고 찬미하기 위하여 온갖 모욕과 비난을 감수하고 모든 정신적, 실제적 가난에 이르기까지 당신을 본받기를 원하고 바라며 신중히 결정하였으니, 부디 저를 그런 생활과 신분으로 선택하여 주시고 받아주십시오.

사랑하는 주님, 우리가 너그러워질 수 있도록 가르쳐주소서.
당신을 섬기되, 마땅히 받으실 만큼 섬기도록 가르쳐주소서.
주되, 그 대가를 생각하지 아니하고,
싸우되, 상처받음을 마음에 두지 않으며,
땀 흘려 일하되, 휴식을 찾지 않게 하소서.
힘써 일하되, 당신의 뜻을 행하고 있음을 아는 보수 외에는
아무것도 바라지 않도록 가르쳐주소서.

형제자매여 문을 열어다오!

— 르네 필롬베, 카메룬의 작가

우리는 모두 하느님의 아들딸이다. 나는 당신의 문을 두드렸다. 나는
포근한 침대가 그립고 밝은 집을 몹시 원하기에 당신에게 하소연했다.
왜 나를 쫓아내는가? 내게 마음을 열어다오, 나의 자매여!

왜 '당신은 아프리카 원주민인가? 당신은 미국인가? 당신은 아시아나
유럽인인가?'라고 묻는가? 내게 마음을 열어다오, 나의 형제여!

당신은 내 코 생김새나 내 두꺼운 입술과 내 피부색과 나의 신들에
대해서 궁금해하는가? 내게 마음을 열어다오. 나의 자매여!

아니오, 나는 검지 않소. 아니오, 나는 구릿빛 피부도 아니오. 올리브색
도 아니오. 나는 하얀 피부도 아니오. 나는 그냥 사람일 뿐이라오. 내게
마음을 열어다오. 나의 형제여!

당신의 문을 열어다오! 당신의 마음을 열어다오! 나도 사람이기에 모
든 시대를 거쳤고! 모든 기후에 살고 있소! 나도 당신과 같은 사람이
라오.

예수님의 표징과 작전

예수 그리스도의 사명에 따라 수고하고 일하며 주님의 표징Sign에 따라서 주님과 함께 섬기기(두 개의 깃발 각색과 적용).

도입

예수 그리스도를 따르는 나는 바로 지금 그리고 나의 삶 전체를 통하여 어둠의 세력인 인류의 적과 싸우고 있다. 적은 감쪽같이 숨어서 퍼져나가기에 하느님께서 내게 비유와 이미지로 경고하신다.

용은 그 여자를 보자 화가 치밀었습니다. 그리고 하느님의 계명을 지키고 예수님을 위해서 증언하는 일에 충성스러운 그 여자의 남은 자손들과 싸우려고 떠나갔습니다(요한묵시록 12:17).

악마의 속임수에 대항할 수 있도록 하느님께서 주시는 무기로 완전무장을 하십시오. 우리가 대항하여 싸워야 할 원수들은 인간이 아니라 권세와 세력의 악신들과 암흑세계의 지배자들과 하늘의 악령들입니다 …(에페소 6:11).

여러분의 원수인 악마가 으르렁대는 사자처럼 먹이를 찾아 돌아다닙니다(I 베드로 5:8).

그것은 조금도 놀라운 일이 아닙니다. 사탄도 빛의 천사의 탈을 쓰고 나타나지 않습니까?(II고린토 11:14).

너희는 악마의 자식들이다, 너희는 그 아비의 욕망대로 하려고 한다 … 그는 정녕 거짓말쟁이며 거짓말의 아비이기 때문이다(요한 8:44).

어떤 나라도, 어떤 도시도, 어떤 형태의 삶도, 어떤 개인도 이러한 영향에서 제외되지 않는다. 가라지는 밀과 함께 자라고 추수 때까지 남겨진다(마태오 13:24 이하).

소유하며 안전하고 싶고, 특별히 가치 있게 받아들여지고, 사랑받기를 바라며, 존재하기를 원하는 나의 깊은 곳(욕구, 두려움, 태도)은 이런 영향을 받는다. 이냐시오가 다음의 이미지에서 설명하듯이 나는 원수가 내 인격의 가장 약한 부분을 이용해 나를 잡고자 획책하는 것까지 상상할 수 있다.

원수는 전쟁의 장수와 같이 행동한다. 먼저 요새의 방비와 방어를 살핀 다음 가장 약한 부분을 공격한다. 같은 방법으로 인간 본성의 원수는 우리 주위를 돌아다니면서 어디가 약한지 조사해서 가장 약한 부분을 찾아내어 먼저 공격해서 우리를 정복하려고 한다.

이냐시오는 당시의 시대와 문화에서 이러한 침투가 일반적이라고 생각했다. 부, 명예, 교만 중의 첫 단계인 부는 사람들의 헛된 명성을 얻는 수단으로서 결국에는 사람들을 교만으로 이끈다. 오늘날에도 이 방식은 수많은 사람에게 접근하는 원수를 이해시키는 데 도움을 준다. 그러므로 비록 지향이 고귀하더라도 가장 깊은 곳에서 욕망이 뒤틀려 있을 수 있다. 좋은 사람들도 뜻하지 않게 '정원으로 난 오솔길'[26]로 걸어 들어간다. 소유욕(부)은 우리 자신을 특별한 사람으로 만들고 싶어 한다(존경받음). 이것은 거짓 자립과 교만으로 바뀌는데 이것 때문에 사람은 오직 자신만을 위해서 존재한다. 한 가지 악은 사람을 이러한 하나의 거짓 자립에서 그 밖의 다른 모든 무질서로 이끈다.

다양한 문화에서 살고 있는 사람들은 각자 다양한 강점과 약점을 지닐 수도 있다. 원수들은 좋은 것을 얻거나 필요한 것을 충족시켜 줄 것처럼 보이는 단순한 유혹으로 약한 부분에 발판을 놓을 것이다. 유혹은 첫째 발판을 딛고 다양한 방법으로 다가온다. 우리는 모두 서서히 다가오는 유혹이나 폭포처럼 쏟아지는 과장된 두려움과 순수하게 보이는 좋은 제안에 속아서 함정에 빠진다. 우리는 심각한 성찰(일명 의식 성찰), 기도 그리고 지혜로운 상담자와 대화하며 반복해서 당하는 유혹의 양상을 발견할 수 있다. 반복해서? 그렇다. 왜냐하면 잘 드러나지 않는 성격과 습성은 보통 삶 전반에 걸쳐 같은 형태로 남아 있기 때문이다.

그러므로 이냐시오가 말하는 '부'로 시작하지 않는 속임수가 있다. 하지만 조만간 속임수는 결국 같은 목적, 교만으로 이끌어간다. 여기 몇 가지 예가 있다.

1) 불우한 환경에서 자란 아이는 "느끼는 것은 나쁘다"고 배우며 인생을 시작할 수 있다. 그래서 나중에 그 사람은 언제나 다른 사람들의 요구에 맞춰주어야 하는 유혹에 빠지도록 "느끼지 마라"는 유혹을 받는다. 그런 유혹은 다음과 같은 또 다른 유혹으로 이끌어간다. 그것은 허탈해지고 포기할 때까지 남을 위해 반복적으로 선행하라고 이끄는 유혹이며, 끊임없이 자신의 가치를 인정받고자 사람들의 관심을 끌려다가 결국에는 자신에게 빠지게 만드는 유혹이다.

2) 20세기 중반 무렵 북미의 전형적인 여성들은 성인이 될 때까지 속마음을 드러내지 않도록 교육받았다. 그들은 가부장적 사회에서 보조만 하도록 배웠다. 그래서 그들은 허락을 받아야 하는 일에 대한 진짜 생각과 느낌을 드러내지 말라는 유혹에 먼저 빠졌다. 이 유혹은 (자신을 하찮게 여김) 그들 자신을 '종속적인 위치'로 밀어 넣는다. 이 유혹은 다음과 같이 그들 자신을 파괴할 수 있다. 다른 사람이 그들이 할 일을 결정하도록 만들고 그렇게 한계를 정해서 하느님의 집을 위해 할 수 있는 그들의 선행을 축소한다. 또는 그들은 남몰래 스스로 정의롭다고 생각한다.

청하는 은총

원수의 속임수를 더 깊이 알게 해달라고 청하라. 또한 길이요 진리요 생명이신(요한 14:6) 예수님의 작전Strategy을 깊이 느끼게 해달라고 청하라. 예수님의 작전을 사용하고 그분의 영을 따름으로써 그분과 더 친밀하게 해달라고 청하라.

이와 같은 은총을 얻기 위한 준비

1. 주님이며 하느님이신 예수님을 바라보며 그분과 함께하는 자신의 삶에 언제나 그랬고 지금도 영향을 주는 덫과 속임수를 성찰하라.

2. 사도들과 제자들을 선택하신 예수님을 바라보라. 그분은 세상에 성령을 보내어 곳곳에 있는 사람들의 마음에 당신 가르침의 씨앗을 뿌리면서 새로운 인간 공동체를 건설하기를 바라신다. 예수님은 당신이 사랑하는 하느님께 온전히 의존하게 만드는 십자가로 이끄는 자신만의 작전으로 모든 사람에게 당신과 함께 아빠를 섬기자고 가르치신다. 그분의 삶은 우리가 하느님께 온전히 의존할 수 있는 바로 그 길을 증명한다. "내가 너희에게 한 일을 너희도 그대로 따라하라고 본을 보여준 것이다"(요한 13:15). 그것은 가난과 모욕과 겸손의 길로 인간의 마음에 근본적으로 필요한 부분을 감동시키는 바로 그 길이다.

3. 우리 주 예수님이 파견하신 예수님의 친구들과 추종자들에게 인류 가족을 도와주라고 하신 그분의 말씀을 생각해 보라. 그분은 다음과 같이 초대하신다. "모든 이를 돕는 것을 너의 목표로 삼아라. 먼저 그들의 영혼을 온전히 가난하게 살도록 이끌어라. 만약 하느님께서 자비를 베풀어 그들이 실제로 가난하게 살기를 바라신다면 그렇게까지 살도록 그들을 이끌어라." 다음의 세 단계를 주목하라: 하느님 외에는 어떤 것도 지니지 않기를 바라는 가난(부의 반대), 오직 하느님께만 인정받기를 원하면서 받는 모욕과 멸시(헛된 존경의 반대), 모든 것의 모든 것이고, 성스러운

어머니요 아버지이며, 연인이고, 창조주이며 그 이상이신 하느님을 위해 존재하려는 겸손(교만의 반대).

담화

다음과 같은 은총을 당신의 아들로부터 얻을 수 있게 해달라고 성모님께 간구하면서 담화하라.

— 그것은 예수님의 깃발 아래서 예수님과 함께 섬기고 인류 가족을 구원하시는 주님을 위해 주님과 함께 일하고 수고하게 해달라는 은총인데,

— 먼저 가장 높은 영적인 가난이고 그다음은 실제적인 가난으로서 자비하신 하느님께서 내게 바라시는 것이어야 한다.

— 다음은 나의 신성한 주님을 거스르지 않으면서 모욕과 부당한 취급을 참을 수 있다면 모욕과 부당한 취급을 당함으로써 주님을 더 닮는 것이다.

— 성모송을 바쳐라.

그리고 나서 예수님의 아빠께 똑같은 은총을 내게 베풀어주시기를 예수님께 부탁하면서 성모님의 아들과 담화하라.

— 그리스도의 영혼을 기도하라.

마지막으로 이러한 호의를 부모보다도 훨씬 더 많이 내게 베풀어주시는 창조주 하느님과 담화하라.

— 주님의 기도로 마쳐라.

세 부류의 사람들

이 수련은 우리가 하느님의 영이 이끄는 삶을 선택하도록 도와준다. 우리는 이 수련을 할 때 언제나 우리 자신의 역사를 있는 그대로 숙고해야 한다. 우리는 이것을 잘못 수련하기 쉽다. 우리는 하느님을 섬길 수 있는 선택 중에서 덜 도움이 되는 쪽으로 치우칠 수 있다. 또한 마음을 실제로 여는 것보다 상상으로 여는 것이 더 쉽다. 우리 중 많은 사람은 식별 과정을 오염시킬 수 있는 비타협적인 태도를 지니고 있다. 비타협적인 태도는 숨어 있는 추측, 가설이거나 알지 못한 무질서한 애착 그리고 삶을 조종하는 습관에서 나올지도 모른다. 세 부류 사람들의 서로 다른 태도에 관한 이 수련은 자유롭지 못한 면을 드러내는 데 도움을 준다. 이냐시오의 우화는 **피조물이 사랑스러운 창조주에게 저항하는 접점을 다루기 때문에** 보기보다 효과가 매우 탁월하다.

첫째로 선택하는 사안이 재물의 영향을 받을 때 이 우화는 재물에 대한 태도를 알아내는 데 우선적으로 적용된다. 그러나 비유로 만들어진 이 우화는 내적 태도와 오래전에 결정했지만 여전히 선택에 영향을 주는 무의식적이며, 오랫동안 잊었고, 희미해진 결정에 영향을 줄 수 있다. 따라서 우리는 다음 중 하나를 일정의 금액과 대체할 수 있다.

즉, 내적 재능, 비타협적인 태도, 방어기제, 습관적으로 삶을 통제하는 태도, 자신의 숙원, 추측, 어둠에서 비롯된 과장된 행동, 기타 등등.

기도에 들어가기

지금 나는 나를 지켜보시는 하느님께 마음을 두며 하느님 앞에 있다. 이 순간 수많은 천사의 무리도 나와 함께하며 나의 응답에 고무될 것이다.

청할 은총

그리스도의 임무를 수행하고 자신의 구원을 위해서 더 적절한 것을 선택할 수 있는 은총을 청하라.

우화

여기 세 부류의 사람들이 있다. 그들 모두 정당하게 로또로 20억 원에 당첨되었다. 각 사람은 돈에 곧바로 애착할까 봐 두려워한다.

'어떻게 하면 돈을 가장 잘 쓸 수 있을까?… 누구하고 돈을 나눠야 하지? … 내 남은 생은 어떻게 될까?… 뜻밖에 생긴 돈을 모두 잘못 쓸지도 모르고 결국 방황할지도 몰라!… 평화롭게 하느님을 섬기는 데 몹시 방해되는 것을 발견할 수도 있어…'

하지만 그들은 모두 애착 때문에 생긴 걱정에서 벗어나길 바란다.

첫째 부류는 하느님 안에서 평화를 누리고 구원받기 위하여 돈에 애착하지 않기를 바란다. 그러나 그들은 죽을 때까지 아무런 방법도 시도하지 않는다.

둘째 부류도 역시 그들에게 있을 법한 무질서한 애착에서 벗어나기를 원한다. 그러나 그들은 얻은 것을 지니는 방향으로 무질서한 애착에서 벗어나길 바란다. 그러기에 하느님께서는 그들이 원하는 쪽을 따라야 하고, 설사 돈을 포기하는 것이 하느님께서 그들에게 요구하는 것에 더 잘 어울린다고 하더라도 그들은 하느님을 더 잘 섬기기 위하여 그 돈을 포기할 수 있는 가능성을 기꺼이 받아들이지 않는다.

셋째 부류는 애착에서 벗어나기를 원하나 생긴 돈을 소유하지도 포기하지도 않으면서 애착에서 벗어나길 원한다. 그들은 자유를 찾는다. 그들은 하느님께서 그들이 획득한 돈을 그들이 소유하길 원하신다면 그렇게 되기를 원한다. 하느님께서 그들이 돈을 포기하기를 원하신다면 그들도 포기하기를 원한다. 한편 그들은 결정을 내리는 과정에서 돈에 대한 애착에서 온전히 벗어난 것처럼 행동한다. 그들은 돈뿐만 아니라 다른 것도 원하려고 애쓰지 않는다. 그 결과 우리 주 예수님과 예수님의 아버지를 더 잘 섬기고 싶은 그들의 열망이 그들이 돈을 포기하거나 소유하는 이유가 될 것이다.

앞의 수련처럼 담화로 마쳐라.

사랑으로 응답하는 세 가지 시기

먼저 고려해야 할 내용

한결같이 서로 사랑하는 연인이 서로 사랑을 표현하는 세 가지 시기 moments가 있다. 먼저 연인이 제아무리 어떤 일이 생길지라도 불성실하거나 헤어지지 않을 정도로 서로에게 **성실하게** 헌신하는 시기가 있다.

다음은 **사랑스럽게 관심을 갖는** 시기이다. 연인은 좋을 때나 나쁠 때나, 부유할 때나 가난할 때나, 아플 때나 건강할 때나, 죽을 때까지 상대방에게 헌신한다. 연인은 언제나 사소한 것에서도 상대방에게 성실할 정도로 자기중심적인 것에서 온전히 벗어난다.

마지막은 오직 마음으로 이해할 수 있는 것으로서 **마음으로 느끼는 시기**이다. 그것은 상대방이 겪는 고통과 고난, 가난과 버림받음을 함께 원하고 선택하는 시기이다.

세 가지 시기는 사랑스러운 우리 하느님과 우리의 관계에 적용된다. 성 이냐시오는 이것을 세 가지 유형의 겸손이라고 부른다.

● 첫째 시기 — 성실

하느님과의 지속적인 관계 유지와 구원에 성실fidelity이 꼭 필요하다.
이것은 다음과 같다. 나는 가능한 모든 것에서 하느님께 열심히 응답하고
섬기면서 모든 피조물을 위해서, 나의 생명을 구하기 위해서라도 하느님
의 말씀을 심각하게 어기는 데 동의하지 않는다.

● 둘째 시기 — 사랑스러운 관심

나는 내 처지에서 부나 가난, 명예나 치욕, 장수나 단명 모두에 만족하
며 살고 있다. 나는 오로지 하느님을 찬미하고 사랑으로 섬기는 것에
따라 움직인다. 그것은 내가 자기중심적인 것에서 멀리 벗어났음을 의미
한다. 그리고 나는 모든 피조물을 위해서나 목숨을 구하기 위해서나
하느님의 말씀에 아주 조금이라도 어긋나지 않을 정도로 하느님을 매우
사랑한다는 것을 의미한다.

● 셋째 시기 — 마음에서 우러나는 행동

셋째 시기는 앞의 두 시기를 포함하고 있다. 나는 이 시기에 가난한
예수님과 함께 부귀보다는 가난을, 모욕받는 예수님과 함께 명예보다는
모욕을 선택하고 원한다(하느님을 찬미하고 섬기는 궁극적 목적을 기억한다).
나는 예수 그리스도를 위해서 세상에서 현명하고 총명하게 여겨지기보
다는 무가치하고 어리석은 자가 되기를 바란다. 나는 더 실제로 예수님처
럼 되고 닮기 위해서 이것을 선택하고 원한다. 나는 그분의 생명에 더
깊이 참여하고 사랑에 사랑으로 보답하고 싶다. 강생하신 말씀이 나를
위해 그렇게 취급당했기에 나는 보답으로 할 수 있는 만큼 다하고 싶다.
사랑스러운 반응인 셋째 시기에 살기 원하는 사람은 세 개의 담화가

매우 도움이 될 것이다. 세 개의 담화를 하며 예수님을 닮은 사람으로 선택되는 은총을 달라고 기도하라. 물론 이러한 마음에서 우러난 행위는 계속 하느님을 사랑하고 섬기며 찬미하는 것을 전제한다.

● 이 주제와 관련된 성경 구절

II고린토 1:8-11; 필립비 3:7-11; 로마 8:35-39; I베드로 4:12-16

예수님을 온전히 따르기

주 예수님, 온몸으로 당신을 온전히 사랑하게 하고 당신이 품으신 어떤 것이라도 망설임 없이 끌어안게 허락해 주소서. 그리하여 당신처럼 세상을 사랑하고 거짓과 탐욕과 교만이라는 세속적 지혜를 거부하게 허락해 주소서.

세속의 지혜에 따라서 남에게 인정받고 명성과 지위를 누리며 행복하게 살기를 좋아함에도 당신을 충실하게 따르며 세속과 반대로 살기를 간절히 원합니다.

당신을 너무나 사랑하고 모든 것 안에서 당신처럼 되기를 바라는 내게 해주신 것에 감사드립니다. 당신처럼 살고 싶습니다. 그것은 당신이 체험한 것을 체험하고자 나 자신을 열면서 선택할 때 당신의 방식으로 접근하는 것입니다.

그러므로 어느 누구도 아프게 하거나 우리를 보살피시는 하느님을 실망시키지 않도록 산다면, 모욕받고 거부당하며 심지어 아무것도 아닌 사람으로 취급되기를 바랍니다. 사랑하는 주님을 더 닮고 주님의 발자국을 더 가까이 따르고자 그렇게 되기를 원합니다. 당신은 우리를 생명으로 이끄는 참된 길이십니다.

세속적인 지혜가 사람들이 인정받고 지위와 부와 헛된 자아를 추구하도록 탐욕스럽게 애착시킬 수 있다면, 당신은 당신을 따르는 이들이 성실과 가난, 거부당함과 십자가를 더욱더 사랑하게 만들 수 있습니다![27]

무질서한 애착

서문

하느님께서 우리의 마음을 어떻게 움직이시는지를 알려면 우리는 영적으로 자유로워야 한다. 즉, 우리는 자신 안에서 영의 움직임을 왜곡시키거나 막는 자기중심, 편견, 공포, 불안, 편애에서 벗어나야 한다. 이것은 우리가 하느님의 사랑과 현존을 수반하는 '위안'을 받고 있을 때 일어나는 체험이다. 그럴 때 우리의 관점perspective은 하느님의 관점과 더 조화를 이룬다. 그 순간 우리 자신은 균형이 잡힌 저울과 같다.

우리는 스스로 그런 자유를 누릴 수 없다. 그것은 하느님의 선물이다. 우리가 이것을 하고 저것을 거부하라는 하느님 영의 지시를 알아내기 전까지 하느님의 영은 우리가 무엇을 하거나 거부하지 않도록 정서적으로 균형을 잡아주신다. 때때로 우리가 올바른 결정을 내리는 과정에서 무질서한 애착(사람, 직업, 지위, 특정한 소유물, 특별한 재능 또는 특정한 도시, 기타 등등)이 드러난다. 우리는 무질서한 애착에 직면할 때 어떻게 하는가?

영신수련에 바탕을 둔 제안

1. 정직하라

1) 가능한 구체적으로 자신의 애착에 이름을 붙이고, 인정하고, 자기 자신과 하느님 앞에서 얼마나 애착하는지 고백하라.
2) 자유롭지 못하면서도 자유로운 체하지 마라.
3) 아직 결정을 내릴 때가 되지 않았음을 인식하라.

2. 마치 자유롭고 애착에서 벗어난 것 같이 살아라

1) 오직 하느님께서 당신 자신을 이끌 때까지 그 일을 원하거나 거절하지 않도록 내적으로 노력하라.
2) 오직 원하는 것을 원하는 순간조차도 하느님의 열망을 따르고 싶다고 하느님께 말씀드려라.

3. 반대를 간구하라

1) 원하는 것에 반대되는 것을 기꺼이 하게 해 달라고 기도하라.
2) 애착과 욕구를 바꾸고 조절하게 해 달라고 하느님께 청하라. 무질서한 애착으로부터 벗어나는 은총을 달라고 끊임없이 하느님께 기도하라.
3) 반대 방향이 하느님을 찬미하고 섬기는 길이라면 그쪽으로 이끌어 달라고 성령께 간청하라.

4. 세 개의 담화로 기도하라

5. 적절히 고행하라

고행은 진정으로 원하는 것을 (자신과 하느님께) 표현하는 행위로써…
원하는 것을 더 분명하게 원하기 위해 대가를 치르겠다는 외적인 행위이다.

6. 자유라는 선물을 기다려라

그토록 나를 사로잡는 바로 그 자유를 원함이
머지않아 이루어지기를 원하는 것을 원함이
머지않아 이루어지기를 원하는 것을 원하기를 원함이
머지않아 이루어지기를 원하는 것을 원하기를 원함을 원함!

결정 내리기

간단한 식별 방식

● **전제 조건**

— 스스로 결정을 내려라. 참된 위안의 시기에 결정을 내려라.

— 주어진 시간과 장소에서 할 수 있는 만큼 자유로워져라.

— 깊은 기도를 한 뒤라도 따르도록 이끄는 대안을 확정 짓지 마라. 그러나 두세 개 또는 그 이상으로 선택할 수 있는 분명한 대안을 마음에 간직하라.

1) 자신을 하느님 앞에 두라.

2) 이 순간 나를 위한 하느님의 계획에 가장 일치하는 것을 이해하고 선택할 수 있는 자유를 달라고 기도하라.

3) 다음의 4열 종대 방법을 따르라. 선택할 것 중에서 하나를 정하라. (예, 천안의 교직 요청 수락 여부) 그리고 하느님 앞에서 다음 도표에 따라 사안matter의 여러 측면과 이유를 열거하라.

천안의 교직을 수락한다		천안의 교직을 수락 안 한다	
내게/우리에게 유리한 점	내게/우리에게 불리한 점	내게/우리에게 유리한 점	내게/우리에게 불리한 점

그리고 나서 선택할 다른 대안으로 유사한 도표를 만들어라.

자료를 찾아내면 사안이 명확해지고, 내려야 할 결정이 분명해진다.

그렇다면 다음 4단계로 넘어가라.

그러나 정확한 선택이 분명하게 드러나지 않았다면 도표에 있는 모든 장단점을 살펴보고 다음의 관점에서 계획과 경중을 따져보라.

1) 이유의 합당성.

2) 하느님을 섬기는 쪽으로 이끄는 더 명백한 이유.

3) 현실적으로 평가한 나의 자질과 현재의 필요를 포함하는 은총의 역사 사이의 일관성.

선택하고 다음 4단계를 기도하라.

4) 자신이 해야 할 것을 확실하게 선택한 후 하느님께 선택한 것을 드리고 승인을 청하라. 승인을 받지 못하면 과정 전체나 일부를 다시 반복하라.

겸손을 간구하는 기도[28]

예수님, 칭찬받고 싶은 나를 구하소서.
예수님, 명예를 얻고 싶은 나를 구하소서.

예수님, 사람들에게 호감을 주고 싶은 나를 구하소서.
예수님, 충고하고 싶은 나를 구하소서.
예수님, 인정받고 싶은 나를 구하소서.

예수님, 안주하고 싶은 나를 구하소서.
예수님, 무시당하는 것을 두려워하는 나를 구하소서.
예수님, 비난을 두려워하는 나를 구하소서.
예수님, 죽음을 두려워하는 나를 구하소서.
예수님, 잊히는 것을 두려워하는 나를 구하소서.

예수님, 외로움을 두려워하는 나를 구하소서.
예수님, 상처받음을 두려워하는 나를 구하소서.
예수님, 고통을 두려워하는 나를 구하소서.

예수님, 남들이 나보다 더 사랑받기를 바라는 은총을 주소서.
예수님, 나는 밀려나고 남들이 선택되기를 바라는 은총을 주소서.
예수님, 남들이 칭찬받고 나는 눈에 띄지 않는 은총을 주소서.

오, 마음이 따뜻하고 겸손하신 예수님, 내 마음을 당신의 마음처럼 만들어 주소서.

오, 마음이 따뜻하고 겸손하신 예수님, 당신의 영으로 힘을 주소서.

오, 마음이 따뜻하고 겸손하신 예수님, 당신의 길을 가르쳐주소서.

오, 마음이 따뜻하고 겸손하신 예수님, 자존심을 버리고 당신 아빠의 집을 지키기 위해 다른 사람과 협력하게 도와주소서.

개인 지도 피정 마무리 수련[29)]

기도에 들어가기

기도에 들어가면서 히브리서 4:12-13절을 천천히 읽고, 가능하다면 에페소서 1:17-19절에 있는 바오로의 기도를 바쳐라. 하느님 앞으로 나아가서 피정 기간 성삼위 하느님께서 나를 위하여 어떻게 활동하셨는지 깊이 이해하고 숙지할 수 있는 은총을 청하라.

1. 당신은 피정 동안 내면에서 어떤 움직임을 체험했는가? 다음의 몇 가지 예가 도움이 될 수도 있다.

1) 두려워하고 걱정하다가 시도하고 기도하며 놓아주길 바라고 믿음.
2) 악과 약함을 두려워하고 좌절하다가 악과 약함을 수용.
3) 평화, 즐거움, 갈등, 무기력이나 무의미(황폐)를 체험하다가 희망과 의미(위안)를 체험.
4) 혼란하다가 깨달음.
5) 유혹받고 두려워하다가 평화롭게 믿음.

6) 기도하기 싫다가 절실하게 기도하기를 원함.

2. 당신은 기도의 어떤 측면을 이해하거나 이해하지 못하게 되었나?
   예를 들면 기도할 때 나의 역할과 하느님의 역할, 놓아주기, 친
   밀감, 평온, 반응, 대화, 내 안에서 하느님의 활동 방해, 은총 청
   하는 기도.
3. 당신이 피정에서 받은 주요 은총은? 이것을 성찰하는 데 다음의
   구절이 도움이 될 수도 있을 것이다: 힘, 무기력 깨달음, 나의 악
   을 수용하고 깊이 슬퍼함, 나의 나약함 체험, 예수님의 인성을
   깊이 인식, 성경으로 기도하기, 나 더 깊게 수용, 내 삶에서 파스
   카의 신비 인식, 자유, 일치, 경향direction, 마음 표현하기.

하느님께 희망과 신뢰 두기
─ 콜롬비에르의 성 클로드의 기도[30]

나의 하느님, 당신께서는 당신께 희망을 둔 모든 사람을 굽어살피신다는 것과 우리가 모든 것을 당신께 의존할 때 온전히 만족할 수 있다는 것을 굳게 믿고 있습니다. 그러므로 앞으로 당신에 대한 모든 나의 걱정은 사라졌습니다.

사람들이 내게서 세속적인 소유물이나 지위를 빼앗아 갈지도 모릅니다. 질병이 내게서 당신을 섬기는 힘과 수단을 뺏을 수도 있습니다. 죄 때문에 우리 관계조차도 뒤틀려질 수 있습니다. 그러나 당신에 대한 믿음을 결코 버리지 않겠습니다. 삶의 마지막 순간까지 믿음을 지닐 것이기에 내게서 믿음을 빼앗으려는 지옥의 힘은 물거품처럼 사라질 것입니다.

사람들이 재물과 재주로 행복을 누리게 두십시오. 사람들이 순수한 삶과 혹독한 고행, 수많은 좋은 일 그리고 열정적인 기도를 믿게 두십시오. 나의 바위며 피난처이신 당신에 대한 믿음으로 내 안에 희망이 가득합니다. '이 믿음은 결코 헛될 수 없다. 하느님께 희망을 두는 이는 어느 누구도 결코 흔들리지 않았다.'

그러므로 나는 영원히 행복할 것임을 확신합니다. 왜냐면 나는 영원한 행복에 확고한 희망을 두고 있고 당신께 모든 희망을 걸고 있기 때문입니다.

오 사랑하는 하느님, 당신께 희망을 둡니다. 제가 결코 흔들리지 않게 해주십시오.

내가 약하고 변한다는 것을 너무도 잘 알고 있습니다. 가장 훌륭한 덕성을 공격하는 유혹의 힘을 알고 있습니다. 별들이 떨어지는 것과 내 세계의 바닥이 무너지는 것을 보았습니다. 이러한 일로 놀라지 않습니다. 당신께 희망을 두면 모든 불행으로부터 안전하고 나의 믿음은 굳건할 것이라고 확신합니다. 왜냐면 이런 희망을 끊임없이 간직하고자 당신께 의탁하기 때문입니다.

마지막으로 나의 믿음이 당신의 관대함을 넘어설 수 없음을 압니다. 당신께 바라는 것보다 결코 더 적게 받지 않을 것도 압니다. 그러므로 당신은 악에 이끌리는 나를 지지하시고 속임수를 쓰는 악의 공격으로부터 나를 보호하며 연약한 나를 가지고 모든 적대적인 힘을 제압하여 승리하시기 바랍니다. 나에 대한 당신의 사랑은 결코 멈추지 않을 것이기에 당신을 끝없이 사랑하고 싶습니다.

당신 안에서, 오 하느님, 내가 결코 흔들리지 않게 해주소서.

놓아주기
ㅡ 줄곧 염려되는 그대에게

나는 당신 안에서 그리스도를 봅니다.

나는 사랑하는 마음으로 당신을 하느님 아버지의 돌보심에 맡깁니다.

당신을 나의 불안과 걱정으로부터 놓아주겠습니다.

당신을 소유하듯이 붙잡고 있는 것을 그만두렵니다.

당신 안에 살아 계시는 하느님의 말씀에 따르도록 당신을 자유롭게
놓아주렵니다.

당신이 가장 잘 알고 이해하는 대로 당신의 인생을 살도록

당신을 자유롭게 놓아주렵니다.

남편, 아내, 자녀, 친구…

나는 더 이상 당신에게 내 생각과 내 방식을 강요하지 않으렵니다.

나의 사고를 당신의 저 너머로, 인간적인 수준 이상으로 고양시키겠습
니다.

당신은 영적인 존재, 그분의 모상으로 창조되었으며,

나뿐만 아니라 하느님과 그분의 계획을 위해 당신을 필요로 하며

중요하게 만드는 자질과 능력이 주어진 존재로 당신을 하느님께서
보시듯이,

나도 그렇게 당신을 보겠습니다.

당신을 속박하지 않으렵니다.

인생에 대처하기 위해 필요한 이해력이 당신에게 없다고
더 이상 당신을 의심하지 않겠습니다.
당신께 축복을 드립니다.
당신을 믿고 있습니다.
당신 안에서 예수님을 봅니다.[31]

공동 결정

1. 평범한 방법

사회는 다음과 같은 평범한 맥락에서 결정을 내린다.

1) 영적 자유.
2) 부드럽고 개방적인 경청.
3) 공동체의 신앙.
4) 더 나은 하느님의 집 건설 방법 찾기.

2. 건실한 방법

1) 지도자는 공동체에 결정할 사안을 기도하고 성찰하라고 초대한다.
2) 성찰 기도를 한 뒤에 지도자는 각 사람에게 해당 사안과 관련된 자료와
   결정할 사안의 중요성을 발표하라고 초대한다.
3) 모두 사안과 관련된 자료에 대해 듣고 명확하게 이해한 후 어떤 결정을
   내려야 할지 시간을 내어 기도한다.

4) 지도자는 각자 결론을 나누라고 초대한다.

5) 지도자는 모든 결론을 주의 깊게 듣고 나서 기도하고 최종 결정을 내린다.

3. 4열 종대

다른 방법과 함께 사용할 수도 있고 또는 이것만 사용할 수 있음을 유념하라.

1) 토론, 명료화, 창조적 집단 사고brainstorming, 해결책 도출, 기록, 우선순위 설정, 불필요한 요소 제거 등등을 통하여 고려하는 문제에 대한 현실적이고 명확하며 채택할 수 있는 해결책을 도출하라. 여러 가지 해결책을 더 고려할 필요가 있다면 모둠은 우선순위에 따라 그것들을 처리한다. 선택할 해결책을 두 개의 문장으로 만들어라.

예문
– 우리는 신앙과 정의 센터를 위해 천안의 사무실을 빌린다.
– 우리는 신앙과 정의 센터를 위해 천안의 사무실을 빌리지 않는다.

2) 지도자는 각자에게 시간을 내어 제시된 해결책을 가지고 기도하라고 요청한다. 지도자는 이때 각자에게 각 선택 사안의 장점과 단점을 열거하라고 요청한다.

우리는 정의 센터를 위해 천안의 사무실을 빌린다		우리는 정의 센터를 위해 천안의 사무실을 빌리지 않는다	
나/우리에게 장점	나/우리에게 단점	나/우리에게 장점	나/우리에게 단점

3) 각자 시간을 가진 다음 함께 모여서 각각의 이유를 밝힌다. 이유를 분명하게 확인하는 것 외에 어떤 논평도 하지 마라. 모둠은 차례로 각 열을 한 번씩 진행한다. 서로 존중하며 발표를 들어라.

4) 주님 안에서 우리가 무엇을 할 것인가를 찾기 위하여 돌아가서 기도하는 마음으로 성찰하라.

5) 함께 조용히 모여라. 각 사람이 하느님 앞에서 판단하여 표현한 것이 (그리고 무질서한 애착이나 편견에서 벗어나 내적 자유를 체험한 후) 더 나은 결정이 된다. 이것은 다음과 같이 진행된다.

(1) 앞 1번 건실한 방법의 4)와 5)에 따라 진행.

(2) 또는 다음 4번 합의 방법에 따라 진행.

(3) 또는 모둠 전체의 결정으로 확정하기 위한 찬성 비율을 미리 정하는 방식에 따라 진행(예, 참석자는 절차를 진행하기 전에 특정한 사안은 80% 이상 또는 90% 또는 2/3 이상 찬성이 필요하다는 것에 모두 동의한다).

6) 사안에 필요하다면, 승인을 받기 위해 기도하라.

4. 합의하며 결정

2번의 건실한 식별로 시작하라.

4)를 진행해서 모두가 기도한 후 같은 결정에 도달하면, 합의가 이루어진다.

4)를 진행해서 모두가 같은 것을 선택하지 않았다면, 지도자는 모둠과 신중하게 대화해서 낮은 단계에서 합의하게 도와준다. 앞의 4열 종대에서처럼 항목은 대화에 크게 도움을 줄 수 있다.

필요하다면 지도자는 모둠에게 승인을 위해 기도하라고 요청하고, 적당한 시간이 흐른 뒤 모둠은 승인을 받기 위한 기도의 결과를 보고한다.

5. 최종 결정이 내려진 후 이행해야 할 사항[32]

1) 결정이 가져올 즉각적인 결과나 성과를 가능한 구체적이고 분명하게 설명하라. 자료가 영상물이라면 어떤 영상이며 어떻게 들리고 느껴지는가?
2) 결과를 얻기 위해 실행하는 모든 단계에서 창조적 집단 사고를 진행하라.
3) 현실적인 단계를 계획하라.
4) 결과를 얻는 데 필요한 단계와 꼭 필요하지 않으나 도움이 되는 단계를 정하라.
5) 차례대로 실행해야 하는 단계를 시간순으로 정하고 필요하다면

그것을 완수하는 데 필요한 기간을 정하라.

6) 이 단계에서 필요한 자원을 결정하라. 쉽게 구할 수 있는 자원과 다른 곳에서 구해야 할 자원을 결정하라.

7) 다음을 분명하게 기록하라:

무엇을 진행하는가?	
누가 그것을 담당하는가?	
언제까지 끝내야 하는가?	
어떻게 하는가?	
어디서 하는가?	
비용은 얼마나 드는가?	
보고서와 회계 보고의 방법과 시기는?	
기타 사항은?	

의식 성찰

이 짧은 기도 수련은 성령에 대한 감각을 증진시키고 성령의 현존에 반응하며 협력하는 데 필요한 조명을 받도록 도와준다.

감사 드리기

하루를 돌아보며 감사 드릴 필요가 있는 곳을 보게 해달라고 청하면서 시작하라. 당연히 감사 드려야 한다고 생각되는 것을 선택하지 말고, 그보다는 단순하게 하루를 훑어보면서 비록 사소하더라도 떠오르는 것과 마음에 걸리는 것이 있는지 보라. 감사의 마음이 일어나게 하고 지금 자신을 바라보고 계신 성스러운 분께 감사를 드려라.

빛을 청하기

이 기도는 하느님으로부터 빛을 받는 것이다. 우리는 다음 단계에서 하느님께서 직접 우리를 깨닫게 해주실 것으로 바라며 우리 자신을 맡기는 성찰 기술을 사용할 것이다. 이것은 가끔 예상치 않게 일어나고 또 예상하고 있을 때조차도 우리를 유달리 깜짝 놀라게 만든다! 여기서 우리는 오로지 성령의 가르침에 따라 우리 자신을 성찰하고 이해할 수 있다는 것을 믿기 어렵다(마태오 10:20). 그러므로 하느님께서 우리가 보기를 원하시는 것을 보여 달라고 성령께 청하라.

모든 것 안에서 하느님을 발견하기

다시 한번 하루 동안 일어난 여러 사건을 돌아보라. 이때 자신의 생활이나 자신 또는 사람들 그리고 세상에서 일어난 사건에 계셨던 하느님을 보여 달라고 성령께 청하라.

자신이 살고 있는 지역이나 더 큰 세상에서 일어난 사건이 자신에게 영향을 주었거나 영향을 주었어야 했는가? 이 사건의

— 어디에 성령의 표징이 있는가?
— 어디에 파괴적이거나 분열적인 힘이 있는가?

어떤 내적인 사건이 당신에게 의미가 있는가?

— 비록 사소하더라도 즐거움, 고통, 혼란, 사랑의 증가, 화, 조화, 불안, 자유, 속박, 하느님의 현존, 고립과 같은 것을 주목하라.

당신은 언제 그리고 어디서 하느님의 영에 이끌렸는가?
당신은 이러한 사건이나 체험에 어떻게 반응했는가?

하느님께 대화로 응답하기

마음이 끌리고 더 심각하게 기도하며 행동으로 옮기도록 이끌렸던 부분이 있는가? 중요하다고 생각되는 그 밖의 많은 것보다도 바로 여기에 에너지를 집중시킬 필요가 있다. 예수님과 이것을 의논하라: 칭찬할 필요가 있는 것, 슬픔, 감사, 변화되고 싶은 마음, 중재 기도.

내일을 위한 도움과 안내

내일 필요한 것을 하느님께 청하라. 예를 들면 당신은 다음과 같은 것을 기도할 필요가 있을지도 모른다: 극복할 대상, 둘러싼 환경에서 더 민감해야 할 하느님의 활동, 어떻게든 자신을 축하하기, 내려놓기, 다뤄야 할 문제, 회심이 필요한 부분, 자신의 다양한 세계에서 작용하는 파괴적 힘에 맞서는 결정 내리기.

식별력 개발
— 의식 성찰을 통한 성장

영적인 움직임을 발견하기 위한 체험 성찰은 우리가 개발한 기술이다. 영적 움직임은 느낌, 생각, 정서, 경향directions, 충동으로 이루어진 인간적이고 내적인 반응에 기록된다. 무언가를 이해하기 위해 체험하고 성찰하는 것은 매우 자연적이고 인간적인 기술이다. 그러나 영적 움직임을 식별하는 기술을 포함해서 많은 사례가 보여주듯이, **특별한 주안점은 자연적 성찰의 결과를 결정한다.** 어떤 사람들은 의식 성찰Examen of Consciousness을 인식 수련awareness exercise이라고 부르기도 한다. 그것은 영적 움직임을 판단하거나 알아채는 데 도움을 주는 수단이다. 의식 성찰은 다양한 주안점을 전제하는 데 다음의 각 수련은 그 주안점 가운데 하나를 사용한다.

성찰 수련의 이면에 있는 생각은 단순하다. 우리는 한 달 또는 두 달 동안 각 단계를 통해 내적 체험에 집중하며 성찰을 배울 수 있다. 더 오랜 시간에 걸쳐서 성찰한 사람들은 식별을 배운다. 나중에 그들은 의식 성찰의 일부분인 식별력을 사용할 수 있다.

1단계: 자신 안에서 일어나는 다양한 느낌 인식하기

지난번 성찰 이후로 당신은 매우 다양한 느낌을 체험하였다. 가끔 당신은 생각 없이 느낌에 따라서 행동하였다. 때때로 당신은 느낌을 자신 안에 숨겼기에 정말로 무슨 일이 일어나고 있는지 몰랐다. 당신이 온전한 사람이 되려면 진지하게 자신의 느낌을 알아내야 한다.

1) 보살피시는 하느님 앞으로 가라.
2) 가만히 멈춰서 지난번 성찰 이후부터 지금까지 체험한 모든 느낌을 의식의 표면에 떠올려라. 다음 단어가 느낌을 알아내는 데 도움을 줄 수도 있다.

즐거움, 혼란, 수용, 평화, 비통, 분노, 방어, 화, 소외, 사랑받음, 적개심, 그리움, 욕망, 서먹함, 신뢰, 무기력, 당황, 조심, 격분, 분개, 불쾌, 실망, 안도, 두려움, 사랑받음, 흥분, 혼동.

3) 자신이 체험한 다양한 느낌을 잡아내어 이름을 붙여라. 자신과 신성한 길잡이 앞에서 할 수 있는 한 정직하라.
4) 더 주된 느낌 한두 가지를 선택하고 그런 느낌을 일으킨 사건을 회상하라. 그렇게 느끼게 된 원인을 찾아보라.
5) 자신의 느낌을 예수님과 이야기하라. 예수님은 이미 그것을 알고 계신다. 하지만 우리가 예수님께 그것을 실제로 표현할 때 치유가 일어난다. 당신은 혹시 하나 또는 그 이상의 주된 느낌을 표현하는 시편으로 기도할 수도 있다.

2단계: 느낌의 이면에 있는 현실과 만나기

때때로 우리는 오로지 느끼기만 한다. 하지만 우리가 정직하게 느낌을 직면하면 느낌의 이면에 있는 현실을 발견할 수 있다. 이 현실은 다른 느낌이거나, 가치 또는 태도일 수도 있다. 예를 들면 우리는 혼란하지만 느낌을 진지하게 생각할 때 우리 자신을 놀라게 하는 더 유의미한 적개심을 발견할 수 있다. 그리고 우리는 다시 감사하며 성찰할 때 실제로는 충분히 감사드리지 못한 데서 오는 죄의식을 발견할 수도 있다. 평화는 성취감을 드러낼 수 있지만, 반대로 직면하기를 두려워하는 또 다른 것을 드러낼 수도 있다. 때로는 느낌, 특히 강한 반응이 실수, 가치, 또는 신념을 드러낼지도 모른다. 예를 들면 혼란한 느낌 덕택에 자신은 부모라서 언제나 옳아야 한다고 생각하는 것을 깨닫게 될지도 모른다.

1) 성령을 의식하며 머물러라. 깨달음을 청하라.
2) 진짜 느낌이 떠오르게 하고 1단계처럼 이름을 붙여라.
3) 하나 또는 그 이상으로 유의미한 느낌을 택하고 잠시 머물러라. 하느님과 함께 느낌이 계속 드러낼지도 모르는 것을 탐색하라. 그 느낌을 촉발한 사건을 떠올리면서 일어나는 느낌에 계속 머물러라.
4) 체험의 밑바닥에서 흐르는 진짜 느낌과 태도를 드러내게 도와달라고 성령께 청하라.
5) 발견한 것과 성령께서 비추어 주신 것을 하느님께 이야기하라. 당신은 원한다면 이런 근원적 현실(진짜 느낌이나 태도)을 대변하는 성경 시편이나 기도문을 찾아볼 수도 있다.
6) 발견한 것을 일기장에 적어라. 감사드리며 끝내라.

3단계: 생물학적이고 심리적인 느낌의 뿌리 인식하기

우리는 생물학적, 심리적, 물리적, 영적, 기타 등등의 관점에서 느낌의 뿌리를 이해할 수 있다. 우리는 대부분의 시간에 특별한 관점에서 느낌을 정확하게 읽을 필요는 없다. 대부분의 느낌은 주어진 상황에 대한 그저 인간적이고 적절하며 내적인 반응일 뿐이다.

그러나 어떤 때는 특정한 관점, 즉 생물학적, 물리적, 심리적, 영적인 관점에서 느낌을 이해하는 것이 도움이 된다. 상황을 인식하고 분리하는 가운데 일어나는 성장은 식별에 도움을 준다. 그렇게 하지 않으면 우리는 실제로 일어나고 있는 일에 영적으로 잘못된 의미를 부여할 수도 있다. "그것이 오리처럼 뒤뚱거리고 오리처럼 꽥꽥거리며 오리처럼 날아다니면, 그것을 오리라고 불러라."

● **생물학적 해석**

어떤 사람들은 저기압 때문에 몸이 늘쩍지근해진다. 어떤 사람들은 피곤하면 과민해진다. 또 어떤 사람들은 시끄러운 소음으로 우울해진다. 어떤 사람들은 갱년기로 무기력해진다.

● **심리적 해석**

자기 인식이 깊어진다는 말은 자신의 심리적인 역사를 아는 것이다. 말하자면 그 역사란 우리의 성장 방법, 지금 우리에게 영향을 주는 과거의 상처, 살면서 배운 방법, 풀지 못한 청년기의 문제이다. 우리는 모든 삶을 통해서 반복적으로 현재의 느낌과 상상과 그것에 따른 행동에서 그때의 현실을 다시 살고 있다. 부지불식간에 그러한 내적 현실과 접촉하지 않는 사람들은 아주 어린 시절에 비롯된 경험과 성격에 쓰인 '연극과 같은 각본'에 따라 살아간다. 예를 들면 이민자인 부모한테 게으르다는 말을 자주 들은 아이는 자신을 입증하기 위해 언제나 노력하며 자랐을지도 모른다. 또 다른 사람은 적절하지 못한 느낌을 감추기 위해 '좋은 녀석'으로 행동하는 것을 배웠을지도 모른다. 어떤 사람은 예상치 못한 일이나 즉각적인 반응을 공격으로 여겨서 무서워하며 침묵하는 것을 배웠는지도 모른다.

● 온전히 인간적인 반응

대부분의 내적 체험은 지금 여기서 주어진 상황에 대한 단순히 자연적이고 적절한 반응이다. 그러한 반응은 당시 상황에 대한 나 자신의 반응과 나를 둘러싸고 있는 환경에서 일어나고 있는 일을 그대로 알려줄 수 있다. 상처받은 과거나 숨어 있는 반응으로 왜곡되지 않은 순수한 느낌과 지금 만난다면 나는 내 밖에서 실제로 일어나고 있는 일을 찾아내서 이해할 수 있다.

예를 들어 방금 참석한 회의에서 들은 이야기가 내 마음을 불편하게 만든다. 나는 오로지 부정직한 이야기 때문에 일어난 불편한 감정을 받아들인다. 불편한 감정은 부정직할 가능성을 가리키는 진실한 표지이다. 나는 그것이 가리키는 느낌을 인식하고, 상황을 인지하며, 상황을 다루는 법을 판단하기 시작할 수 있다. 또 다른 때에 나는 나를 지배하려는 사람들의 의도를 인식하면서 긴장하는 자신을 발견한다.

● 성찰 수련

1) 하느님 앞에 나아가서 깨닫게 해달라고 기도하라. 긴장을 풀어

라. 느낌을 있는 그대로 떠올리고 이름을 붙여라.

2) 다음의 요점을 이용하여 체험의 밑바닥에서 실제로 일어나는
   일을 알아내게 도와달라고 하느님께 청하라.

(1) 원인이 생물학적인 것인가?

(2) 원인이 심리적인 것인가? 그렇다면 분명하게 무엇인가? 과거에서 벗어
   나는 것인가? 어떤 태도나 상처를 건드리는가?

(3) 체험은 단순히 상황에 대한 자연적인 반응인가? 그렇다면 그것은 그
   상황과 내 안에서 일어나고 있는 것을 말해주는가?

3) 예수님과 이것에 대해 논의하라: 그분과 함께 강한 반응을 다루
   는 방법을 찾기…. 그 상황을 상상하며 무슨 일이 일어났었는지
   알게 해달라고 성령께 청하라. 놓아주어야 할 것을 놓아주라. 하
   느님과 함께하는 이 과정은 자유로운 과정이고 그것이 일어날
   때 무슨 일이 발생하는지 알게 해준다.

4) 자신의 체험과 어느 정도 일치하는 복음 구절을 선택하라. 예를
   들면 "온유한 자는 행복하다"라는 말은 지금 진실로 온유한 자신
   에게 맞을 수도 있거나 지금 진실로 온유할 필요가 있는 자신에
   게 맞을 수도 있다. "네가 이 작은 어린이와 같이 되지 않는다면"
   이라는 말은 당신이 다른 사람을 만날 때 더 정직할 필요가 있다
   는 사실과 맞을 수도 있다.

5) 당신은 지난날의 어떤 상황에 반응한 적이 있는가? 당신은 심리
   적으로 억압된 자신을 풀어준 적이 있는가?

6) 발견한 것을 일기에 적어라.

4단계: 느낌에서 흘러나오는 표현과 행위에 계시는
그리스도(또는 성령) 알아채기

당신은 그리스도인으로서 예수님의 영에 따라 살도록 초대되었다. 이 말은 되도록 진실하게 산다는 것을 뜻한다. 그러나 당신은 예수님의 영과 조화를 이루지 않는 많은 것을 느끼고 반응하며 체험한다. 당신이 그런 느낌과 반응과 체험에 따라서 반응한다면, 당신은 느낌에 정직하게 반응할 수 있지만 그리스도를 닮기는 어려울 것이다. 그렇게 되면 당신은 다른 사람들과 함께 있을 때 그리스도처럼 보이려고 애쓸 것이다. 그러나 이것은 가면이자 찾고 있는 것과 반대인 달콤한 포장이나 주의하고 조심하고 조작되고 잔뜩 긴장된 퇴락으로 당신을 이끈다.

하지만 이런 진퇴양난 속에서도 해결책이 있다. 첫 번째 해결책은 상황에 반응할 수 있는 것에서 나오는 많은 느낌이나 태도 중 확실한 것을 선택하는 것이다. 자신의 삶에서 일어나는 사건 중의 어떤 것은 매우 다양한 느낌을 체험하게 해준다. 바쁜 때 뜻밖의 손님이 왔기에 성가심, 실망, 사랑, 기운 빠짐, 동정, 걱정, 놀람을 체험할 수 있다. 이들 중 어떤 것은 서로 모순된 것 같지만 거의 동시에 당신의 마음에서 일어날 수 있다. 당신이 느낌을 심각하게 여기고 당신 안에서 일어나는 느낌의 뿌리를 구별한다면 (3단계에서 배웠듯이) 생각지도 않은 손님에 대한 당신의 반응을 지배하는 느낌 중 하나를 재빨리 선택할 수 있다. 그것들은 모두 진정한 느낌이다. 그것들은 모두 당신의 것이다. 그러나 지금 바로 그 상황에서 가장 그리스도를 닮은 것 중 하나를 택하여 그것에 따라서 행동하라.

두 번째 해결책은 당신에게 자유를 주는 예수님의 힘에 달려 있다. 당신이 특별한 경우에 혼란스럽고 화가 난 것 같으면, 예수님께 표현할 수 있을 때까지 기다려라. 그분은 당신의 내적 체험을 변화시키실 수 있다. 그분은 화와 혼란을 동정과 관심으로 승화시킬 수 있다. 그러나 당신은 여전히 부족한 자신을 인정할 필요가 있음을 명심하고 단순하게 말해야 한다. "미안합니다. 당신과 함께 있고자 상황을 잘 수습하려고 했습니다. 그러나 나는 할 수 없습니다. 나는 지금 당신과 함께 있을 수 없습니다."

1) 하느님 앞에 나아가서 깨달음을 청하라. 긴장을 풀어라. 하루의 다양한 상황을 기억하고 기억과 관련된 느낌이 일어나게 하라.

2) 예수님의 영과 조화를 이루면서 반응했는지 그리고 어떻게 반응했는지 알게 도와달라고 하느님께 청하라.

3) 유의미한 한두 개의 순간을 선택하라. 도움이 된다면 당신은 다음 성경 구절 가운데 하나나 여러 개를 사용할 수도 있다.

마태오 5:3-12	진복팔단.
마태오 5:24	예물을 제단 앞에 두고 먼저 그를 찾아가 화해하고 나서 예물을 드린다.
마태오 5:44	원수를 사랑하라.
마태오 6:14	너희가 남의 잘못을 용서하면 하늘에 계신 아버지께서도 너희를 용서하실 것이다.
마태오 7:12	너희는 남에게서 바라는 대로 남에게 해주어라.
마태오 21:12	예수께서는 성전 뜰 안으로 들어 가 거기에서 팔고 사는 사람들을 다 쫓아내셨다.
마태오 23:24	눈먼 인도자들아! 하루살이는 걸러내면서 낙타

	는 그대로 삼키는 것이 바로 너희들이다.
요한 13:14	내가 너희의 발을 씻어 주었으니 너희도 서로 발을 씻어 주어야 한다.
로마 12:6	우리에게 주신 은총의 선물은 각각 다릅니다.
II고린토 13	사랑은 오래 참습니다. 사랑은 친절합니다.
루가 4:1	묶인 사람들에게는 해방을 알리라고 주님의 성령이 나에게 내리셨다.

4) 예수님의 영과 일치하는 태도나 느낌에 따라서 행동한 적이 있는가? 그렇다면 하느님을 찬미하라! 그렇지 않았다면 정말로 당신에게 일어났던 것은 무엇인가? 예수님의 힘으로 당신이 치유되거나 자유로울 필요가 있는 곳은 어디인가?

5) 이것에 대해서 하느님과 시간을 내어 이야기하라.

6) 발견한 것을 일기에 적어라.

5단계: 우리가 체험할 때 당신 자신을 다양하게 나누시는 하느님 알아채기

우리의 모든 체험은 어떤 방식으로든 창조주 하느님의 현존을 드러낸다. 하느님의 창조는 오래전에 한 번 있었던 것이 아니다. 하느님께서는 우리를 위해 계속 창조하고 일하신다. 하느님의 현존에 주의를 집중하는 것은 그리스도인의 성장에 꼭 필요하다. 주의집중은 우리를 둘러싸고 있는 인간적인 사건과 우리의 마음 안에 있는 성령의 표징을 읽게 도와줄 것이다. 다음의 성찰은 그런 면에서 우리가 성장하는 데 도움을 줄 수 있다.

1) 하느님께 나아가서 깨닫게 해달라고 기도하라. 긴장을 풀어라. 지난날의 유의미한 사건에 대한 느낌이 떠오르게 하라.
2) 하나 또는 두 개의 항목을 택하여 다음과 같은 초기의 네 단계에 따라서 그것을 다뤄라. 진짜 느낌은? 밑에 있는 느낌은? 원인은? 예수님 영과의 조화는?
3) 오늘 당신에게 드러내신 하느님께 집중하라. 다음의 질문이 도움이 될 수도 있다.

(1) 하루 중 어떤 때라도 책, 예술, 음악, 사건, 기도, 대화를 통해서 하느님께 몰입되도록 느꼈는가?
(2) 두려움, 오해, 유혹, 즐거움, 고통, 일 속에서 하느님을 만났거나 알아챘는가?
(3) 하느님께서 오늘 나를 어떻게 이끄셨는가? 자신에 대한 지나친 신뢰에

서 성령에 대한 믿음으로? 나만의 계획과 방법에서 타인과의 협력으로?

나의 사적인 세계에서 더 넓은 세상에 대한 이해로?

(4) 나 자신에게서 나와서 외로운 이에게로? 불의로 고통받는 이에게로?

나의 적에게로? 사랑으로 서로를 위로하는 쪽으로? 절망한 사람에게로?

사회의 사악한 구조를 변화시키는 쪽으로 향하는 것을 느꼈는가?

(5) 오늘 일어난 일 가운데 감사드려야 할 것은?

(6) 내일을 생각하면 드는 느낌은? 실망, 좌절, 두려움, 희망, 찬미, 감사,

등등.

(7) 회심하라고 초대받는 부분은?

4) 이 사안에 대해서 하느님과 시간을 내어 이야기하라.

5) 발견한 것을 일기에 적어라.

6단계: 내면의 영적인 움직임 더 정확하게 인식하기

하느님께서 당신의 나라를 이룩하기 위해 우리를 더 가까이 끌어당겨 협력하도록 사용하시는 수단이 있다. 그것은 **마음에서 저절로 우러나는 깊은 움직임**과 관련이 있다.

첫 번째로 우리 마음에는 느낌, 애정, 그리움, 욕구, 의미와 목적 직관이라는 더 깊은 움직임이 있다. 더 깊은 움직임은 우리가 대부분의 깨어있는 시간에 종종 **더 마음을 쓰는 일에 사로잡혀서** 따르지 못하는 더 깊고 진정한 우리 자신을 드러낸다. 마음을 더 쓰는 일은 요리, 계획, 병원에 애들 데려가기, 중요한 사람의 생일 기억, 연구 등등과 같다. 영성 작가들은 더 깊은 움직임을 종종 '진정한 자아'라고 일컫는다.

영적 길잡이는 당신에게 "머리를 쓰지 마라"고 자주 권고할 것이다. 그의 권고가 한편으로 반지성주의를 조장할 수도 있다. 하지만 그는 당신이 하느님의 영향을 받아서 무의식적으로 자아를 열도록 격려한다. 의식적으로 통제된 생각은 삶의 많은 부분에서 매우 중요하다. 그러나 그것은 우리가 기도할 때 영의 움직임을 방해한다. 성 이냐시오는 『영신수련』의 일러두기 17번과 32번에서 이러한 의식적으로 통제된 생각을 '개인적인' 생각이라고 부른다.

두 번째로 우리 마음에는 들어오고 나가는 더 자연스러운 느낌과 생각이 있다. 이것은 말하자면 우리 마음 안에 흐른다. 우리는 종종 이미지, 생각, 느낌, 기타 등의 내적인 움직임을 대수롭지 않게 다룬다. 하지만 앞에서 언급했듯이 다양한 내적 반응은 우리 마음의 깊은 곳과 관련이 있다. 무질서한 애착은 우리를 계속 가둬놓는 어두운 부분과도 연결된다. 따라서 내적인 반응은 영을 식별하는 근본적인 배경이 된다.

우리는 식별을 통하여 참 자아와 하느님으로부터 깊이 영향을 받아서 일어나는 영감inspirations을 발견하고 따를 수 있다. 예수님은 아빠와 성령과 함께 오실 것이고 우리 안에 집을 마련하겠다고 약속하셨다(요한 14).

우리는 앞에서 본 다양한 단계나 주안점으로 내적 체험을 더 깊이 성찰할 수 있는 능력을 키운다. 이제 우리는 영적 위안과 영적 황폐라는 영적 움직임으로 표현되는 내적 반응을 이해하는 방법을 배우면서 다른 주안점을 첨가한다.

여기서 『영신수련』 316번부터 324번에 있는 영을 식별하는 규칙이 도움을 줄 수 있다. 영적 위안은 즐거운 체험과 같지 않을 수도 있다는 것에 주목하는 것이 좋다. 영적 위안은 유의미하면서도 건조하고 메마른 체험일 수 있다. 영적 황폐는 하느님이 안 계신 것처럼 인식하는 것과 연결된 체험이지만, 우리가 황폐하다고 해서 반드시 우울한 것은 아니다. 우리는 영적 황폐를 일종의 조울병적인 즐거움으로 체험할 수 있다. 우리는 영적 위안을 '즐거운 상태'로 여기지 않기에 영적 황폐도 '불쾌한 상태'로 여기지 않는다. 영적 황폐는 일단 우리가 그것을 알아볼 수 있게 되면 영적 위안의 전조가 될 수 있다. 영적 황폐는 때때로 하느님께서 가까이 다가오고 있고, 우리가 우리 자신에게서 멀어지면서 저항하고 있다는 조짐을 뜻한다. 다음은 수련할 내용이다.

1. 멈추기

하느님 앞에 나아가서 깨달음을 청하라. 긴장을 풀어라.
지난날의 유의미한 사건에 대한 느낌이 떠오르게 하라.

2. 바라보기

더 강력하게 떠오르는 것처럼 보이는 내적 체험을 바라보라.

마음속에 품은 정서, 충동, 즐거움, 고통, 메마름, 혼란, 평화, 불안, 사랑의 증가, 분노, 자유, 하느님의 현존, 고립, 조화, 성가심. 지금 더 강해 보이는 체험은 어떤 것인가?

3. 듣기

이러한 체험의 의미를 들어라.

1) 상식적으로 들어라

이러한 체험의 원천은 생물학적인가, 심리적인가 또는 단순히 상황에 대한 적절한 반응인가?

2) 예수님의 마음과 생각으로 들어라

예수님의 방법과 일치하는 체험에서 나오는 행동을 선택하였는가? 그렇지 않았다면 자유로울 필요가 있는 곳은 어디인가?

3) 더 깊은 믿음으로 들어라

지금 영적 위안을 체험하는가?

다음 중 하나나 다른 것이 영적 위안을 규명하는 데 도움을 줄 수 있다.

- 하느님께로 향하는 움직임
- 타인을 내적으로 받아들이는 쪽으로 향하는 움직임
- 부드럽고 온유함
- 현실적인 자아 인식에 대한 이끌림
- 깊은 믿음으로 하느님의 현존을 감지
- 하느님 때문에 (예, 내 죄로 예수님을 십자가에 못 박음) 또는 자기중심적인 것에서 벗어나도록 이끄는 것 때문에 (예, 평화 조약이 실현되지 못해서 슬픔) 고통스럽거나 메마르거나 슬픔
- 의미와 희망
- 여전히 긴장하고 있을지도 모르나 저변에서 믿음, 희망 또는 사랑을 감지
- 자신에게로 돌아서지 않음

위안을 받고 있다면 하느님께 그것을 표현하고 감사드리며 황폐할 때를 대비하라.
자신이 **지금 영적으로 황폐한가?**

- 자신에게로 돌아섬
- 나의 활동에서 하느님을 의식하지 못함
- 체험이 감각적이고 물질적인 쪽으로 움직임
- 하느님과 함께 있고 싶으면서도 동시에 외롭고 떨어져 있는 것으로 느낌
- 마치 서럽고 하느님에게서 떨어져 있는 것 같은 느낌
- 무관심해지고 모든 것이 어렵고 힘들게 보임
- 기분이 고조되고 행복하나 신중하지 못하고 행동에 영향을 주는 무질서한 경향과 더불어 열광적인 것을 느낌
- 몰래 자기 것을 추구함

— 하느님에게서 멀어짐

— 사건의 흐름을 분명하거나 미래지향적으로 체험하지 못함

황폐하다면 하느님의 현존을 다시 느낄 때까지 침착하게 하느님의 영을 기다리며 성찰을 시작하라. 다음의 질문은 그 원인을 찾는 데 도움을 줄 수도 있다.

— 다시 죄스러운 기분에 빠져드는가?

— 게을러서 하느님과 사귀고 감사드리지 못했는가?

— 이것을 통해서 성숙하게 성장하고자 하느님께 도움을 청했는가?

— 직면하기 싫은 것이 있는가? 저항하고 싶은 것에게서 도전받고 있는가? 성장을 거부하고 있는가?

— 모든 것은 선물이고, 진정한 위안의 원천은 내가 아니라 하느님이시라는 진실을 배우고 있는가? 위안을 주시는 분보다는 위안에 더 의존하는가?

— 혹시 십자가를 지거나 예수님과 함께 거절당하는 쪽으로 이끌리는가?

위안을 받고 있다면 그것을 하느님의 선물로 생각하고 감사드려라. 황폐하다면 표현해야 할 것이 무엇이든 마땅히 표현하라. 모든 것은 궁극으로 선물이기에 감사하고, 이해할 수 없을 때 질문하고, 어떤 방식으로든 원인을 제공했다면 슬퍼할 것이며, 도움을 청하고 인내하며, 황폐 때문에 매일의 결정과 반응에 영향을 받지 않도록 하라.

4. 하느님과 대화하라

5. 발견한 것을 일기에 적어라

7단계: 성 이냐시오의 방식을 내면의 다양한 주안점에 사용하기

● 감사드리기

하느님 앞에서 긴장을 풀면서 시작하라. 감사드려야 할 필요가 있는 곳을 찾게 해달라고 청하면서 하루를 훑어보라. 당연한 것을 감사드리려고 하기보다는 하루를 담담히 되짚어 보면서 떠올리고 바라보라.

● 빛을 청하기

이 시간에 보아야 할 필요가 있는 것을 보게 해달라고 성령께 청하라.

● 모든 것 안에서 하느님을 발견하기

반응하고 응답하면서 하루 중의 외적이고 내적인 사건에서 체험했던 다양한 느낌이나 태도를 돌아보라. 예를 들면 마음속에 품은 정서, 느낌, 주장, 즐거움, 고통, 혼란, 사랑의 증가, 화, 불안, 평화, 예속, 분리, 기타. 더 유의미하고 강력하게 보이는 체험을 선택하라.

— 체험의 밑바닥에 있는 진정한 느낌과 태도는 어떤 것인가?
— 체험의 뿌리에는 어떤 심리적이고 물리적인 것이 있는가? 또는 그것은 온전히 인간적인 반응인가? 후자이고 의미가 있다면 어떤 의미가 있는가?
— 체험 속에서 표현하시는 예수님의 영에 반응한 적이 있는가?
— 하느님께서 지난 시간이나 지난날 어떻게 나타나셨는가?
— 영적 위안 중에 있나, 영적 황폐 중에 있나?
— 지금 어떤 사람이 되라고 초대받고 있나?

● 대화하며 반응하기

여기서 필요한 것(자유, 깨달음, 치유, 힘, 인내, 용서, 질서, 관대함, 휴식 등등)을 청하고 마음에 있는 것을 표현하라.

슬픔, 감사, 찬미, 간구

● 앞으로 나아가기

야훼께서 베푸신 크신 은혜 내가 무엇으로 보답할까?(시편 116:12).

성경 기도 주제

주제 1: 하느님께서 우리를 사랑하고 보살피신다

● 구할 은총

우리를 보살피시는 하느님께 대한 깊은 신뢰와 믿음.

루가 11:1-13	선생님, 우리에게 기도를 가르쳐주십시오… 하늘에 계신 아빠께서는 더 좋은 것, 곧 성령을 주실 것이다.
루가 12:22-31	들에 핀 백합. 먼저 하느님 나라를 찾아라.
I요한4:7-19	사랑은 다음의 내용입니다: 하느님에 대한 우리의 사랑이 아니라 우리에게 대한 하느님의 사랑입니다.
시편 121	나를 지키시는 하느님께서 언제나 내 오른편에 계신다.

● 참조 독서

시편 23	야훼는 나의 진실한 목자.
시편 62	오직 하느님을 믿어라.

시편 63:1-8	오 하느님, 당신은 내가 찾는 분이십니다.
시편 91	당신은 가장 높은 곳에 거처를 마련하신 분입니다.
시편 131	어머님의 가슴에 안긴 어린아이처럼 믿어라.
시편 145	하느님의 위대하심을 찬미하여라… 네 손 벌리고 모든 살아 있는 것에 만족하여라.
신명기 32:1-14	하느님의 눈동자처럼 이스라엘을 돌보아주시는 하느님을 찬미하는 모세의 노래.
이사야 25:1-9	바로 이 산에서 거룩하신 분이 모든 사람을 먹이실 것이다; 당신은 가난한 이들의 피난처입니다.
이사야 41:8-16	이스라엘아, 내가 너의 오른팔을 잡고 있다.
요한 14:16-28	나는 너희를 고아로 버려두지 않을 것이다. 위로자이신 그분은 모든 것을 너희에게 알려주실 것이다… 내가 너희에게 주는 것은 평화다.
로마 5:1-11	성령을 통하여 우리들의 마음에 하느님의 사랑이 부어졌습니다… 우리가 절망에 빠졌을 때 그리스도께서 우리를 위해 죽으셨기에 하느님의 사랑이 입증되었습니다.
로마 8:26-34	성령께서는 연약한 우리를 도와주십니다… 하느님께서 우리 편이십니다.
에페소 3:14-21	우리 어머니요 아버지이신 하느님께서 성령으로 여러분의 힘을 돋우어 내적 인간으로 굳세게 하여 주시기를 빕니다… 우리 안에 계신 하느님의 능력은 우리가 바라거나 생각하는 것보다 훨씬 더 많이 할 수 있습니다.
히브리 4:14-16	우리에게는 동정심이 많은 대사제가 계십니다.

주제 2: 하느님께서 우리를 창조하신다

● 구할 은총

신비로운 우리 존재에 대한 깊은 놀라움과 경이.

시편 139:1-18	나의 하느님, 당신께서는 나를 환히 아십니다.
시편 8	우리가 무엇이기에 당신은 이토록 생각해주시며 이토록 보살펴 주십니까?
이사야 45:9-15	옹기 흙이 어찌 옹기장이에게 당신이 무엇을 만드는 거요? 할 수 있겠느냐?
출애굽 3:1-14	모세는 불타는 떨기나무 앞에 엎드렸다.

● 참조 독서

시편 104	창조주 하느님을 찬미.
욥기 38, 39	내가 우주를 만들 때 너는 어디에 있었느냐?
지혜서 11:21-26	당신 앞에서는 온 우주가 하나의 낱알에 불과합니다.
지혜서 13:1-9	피조물의 아름다움은 창조주를 드러낸다.
예레미야 18:1-10	옹기장이의 그릇. 일어나서 옹기장의 집으로 가거라, 거기에서 너에게 일러줄 말이 있다.
다니엘 3:51-90	찬미의 송가.
창세기 1:24-2:3	우리는 하느님의 모습대로 만들어졌다.
로마 9:19-21	옹기장이가 귀하게 쓸 그릇과 천하게 쓸 그릇을 만들 권리가 없겠습니까?
욥기 1:21	벌거벗고 태어난 몸 알몸으로 돌아가리라.

주제 3: 하느님께서 사랑으로 당신 자신을 우리에게 주신다

● 구할 은총

우리와 직접 관계하시는 하느님에 대한 놀라움.

이사야 43:1-4	너는 내 눈에 넣어도 아프지 않다.
호세아 11:1-9	이스라엘이 어렸을 때.
루가 22:14-20	예수님께서 성찬을 하신다.
로마 8:26-39	성령께서 우리의 약함을 돌보신다.

● 참조 독서

신명기 1:29-33	야훼께서 앞장서서 너희를 위해 친히 싸워주실 것이다⋯.
신명기 7:7-9	야훼께서 너희를 사랑하신 것은 너희가 가장 커다란 민족이어서가 아니다.
이사야 49:13-16	어미가 자기의 젖먹이를 어찌 잊으랴⋯. 너의 이름은 내 손바닥에 적혀 있다.
이사야 54:5-10	너희 창조주께서 너의 남편이시기에.
요한 3:16-17	하느님께서 세상을 극진히 사랑하셔서.
요한 14:16-28	나는 너희를 고아로 버려두지 않을 것이다. 성령께서 모든 것을 너희에게 알려주실 것이다⋯ 내가 너희에게 평화를 준다.
에페소 1:3-14	우리는 예수 그리스도로 인해 선택되었습니다.
신명기 8:1-5	하느님의 돌보심은 출애굽으로 드러났다⋯ 하느님께서 부모가 자식을 고생시키듯이 너희를 고생시키신다.

주제 4: 내가 지닌 모든 것은 하느님께서 주셨다

● **구할 은총**

모든 것이 선물임을 마음 깊이 깨닫기.

야고보 1:16-19	모든 훌륭한 은혜는 위로부터 옵니다.
욥기 1:21	태어날 때 나는 벌거숭이였다.
I고린토 4:7	여러분이 받지 않은 것을 말해 보시오.
에페소 1:3-14	하느님의 구원 계획… 우리는 예수 그리스도로 인해 선택되었습니다.

● **참조 독서**

신명기 8:6-20	너희를 밀이 자라는 땅으로 이끌어주신 분은 거룩한 분이기에… 너희의 재산이 어디에서 오는지 잊지 않도록 하라.
루가 12:22-31	너희 중에 누가 걱정한다고 목숨을 한시라도 더 늘릴 수 있겠느냐.
마태오 10:29-30	너희 머리카락까지도 낱낱이 다 세어 두셨다.
요한 15:1-8	나를 떠나서는 너희가 아무것도 할 수 없다.
에페소 2:1-10	여러분이 믿음을 일을 통하여 구원받은 것은 돌보시는 분께서 홀로 해주신 덕택입니다… 구원은 여러분의 힘으로 된 것이 아닙니다. 구원은 하느님의 선물입니다.
필립비 2:13	우리 어머니이신 하느님께서 여러분 안에 계셔서 여러분에게 마음을 일으켜주시고 그 일을 할 힘을 주십니다.
로마 9:19-21	옹기장이가 귀하게 쓸 그릇과 천하게 쓸 그릇을

만들 권리가 없겠습니까?

고린토 4:5-18 질그릇 속에 우리가 간직한 보화는 우리에게서
나오는 것이 아니라 하느님께로부터 나온다는
것을 보여 주십니다…. 계속해서 우리는 예수님
의 죽음을 몸으로 경험하고 있습니다.

I베드로 2:9-10 여러분은 선택된 민족… 주님이신 예수님이 당
신의 백성으로 선언하심.

욥기 38:1-40:5 내가 우주를 만들 때 너는 어디에 있었느냐.

디도 3:3-8 우리는 전에 미련했으나 하느님께서 사랑을 보여
주셔서 우리는 구원되었는데 우리가 올바른 일을
하여서가 아닙니다.

주제 5: 하느님께서는 우리를 용서하길 원하신다

● 구할 은총

우리를 용서하길 원하시는 하느님에 대한 깊은 인식.

시편 103	거룩하신 분의 사랑은 땅 위의 하늘이 높듯이 그지없으시다.
루가 15:11-32	탕자와 탕자의 아버지.
루가 5:12-14	나병환자를 치유하심… 그렇게 해 주마.
I요한 1:5-2:2	만약 우리가 우리 죄를 고백한다면, 의로운 분께서 우리를 용서하신다는 것을 믿을 수 있습니다.

● 참조 독서

시편 130	깊은 구렁 속에서 부르오니… 야훼께는 풍요로운 속량이 있으니.
시편 107	하느님, 곤경에 빠진 모든 이의 구세주.
이사야 55:1-13	너희 목마른 자들아 다 오너라…. 내 생각은 너희 생각과 같지 않다… 하느님께서 관대하게 용서하신다.
에제키엘 16:1-22; 59-63	부정한 배우자로 비유한 이야기
루가 18:9-14	바리사이와 세리의 이야기.
요한 10:7-18	나는 착한 목자다; 나는 내 양들을 위해 목숨을 바친다.
로마 5:12-21	아담을 통하여 인간의 죄…. 예수님을 통하여 은총과 생명.
로마 8:28-39	하느님께서 우리 편이 되셨는데 누가 감히 우리와 맞서겠습니까? 우리 모든 사람을 위하여 당신의 아들까지 아낌없이 내어주신 하느님께서 우리

의 편이 되어 주지 않겠습니까.

II고린토 5;17-21　　　그리스도 안에서 누구나 새로운 창조물입니다
　　　　　　　　　　…. 하느님께서 그리스도 안에서 세상을 당신과
　　　　　　　　　　화해하게 하시고 우리를 위하여 예수님을 죄로
　　　　　　　　　　만드시어.

묵시록 7:9-17　　　어린 양 앞에 서 있는 헤아릴 수 없이 많은 사람…
　　　　　　　　　　구원은 하느님께로부터… 하느님께서 그들을 생
　　　　　　　　　　명의 샘터로 인도하실 것이며… 그리고 하느님
　　　　　　　　　　께서 그들의 눈에서 눈물을 말끔히 씻어 주실 것
　　　　　　　　　　입니다.

주제 6: 예수님은 우리를 직접 구원하길 원하신다

● 구할 은총
나의 구세주 예수님에 대한 더 깊은 인식.

루가 19:1-10	자캐오 이야기.
루가 7:36-56	예수님의 발을 씻은 죄 많은 여자.
마르코 5;21-43	하혈병 여인과 야이로의 딸.
요한 13:1-9;12-17	제자들의 발을 씻겨주신 예수님.

● 참조 독서

루가 23:32-43	십자가에 매달린 불쌍한 세 사람, 우리 구세주.
요한 8:3-11	간음하다 잡힌 여인.
사도 3:1-16	앉은뱅이를 고침 ─ 은이나 금도 아니라 이 사람의 불구가 된 다리를 고친 것은 예수님의 이름이다.
로마 5:6-11	무력한 우리를 위해 예수님은 죽었습니다.
로마 7:14-25	내가 해야 하겠다고 생각하는 선을 행하지 않고 해서는 안 된다고 생각하는 악을 행하고 있습니다.
골로사이 1:15-23	우리 주 예수님은 하느님의 보이지 않는 형상으로… 여러분은 전에는 멀리 떨어졌으나.
에페소 2:1-10	한없이 자비로우신 하느님… 우리를 그리스도 안에서 다시 살려 주셨습니다….
에페소 2:12-22	여러분은 희망이 없었습니다… 그리스도께서 원수로 만들었던 담을 헐어 버리시고….

갈라디아 4:3-7	하느님께서 아들을 보내시어 여자의 몸에서 나게 하시고.
디도 2:11-14	아빠의 백성을 모으시는 예수 그리스도 안에서 하느님의 은총.

주제 7: 하느님께서는 우리보고 자유롭고 철저하게 따르라고 부르신다

● 구할 은총

하느님의 부름에 응답하는 데 필요한 자유 이해.

창세기 22:1-19   아브라함과 이사악.
필립비 3:7-16   내게는 예수 그리스도를 아는 것 외의 모든 것은
루가 9:59-62   낭비입니다.
마르코 10:17-27   죽은 자의 장례는 죽은 자에게 맡겨라.
                    부자를 부름.

● 참조 독서

시편 42   내 영혼이 애타게 당신을 찾습니다.
시편 63:1-8   하느님을 열렬히 그리워함.
지혜서 8:17-9:18   지혜를 달라고 기도하는 솔로몬.
신명기 6:4-9   너의 마음과 영혼을 다해 너희 하느님을 사랑하
                    라.
예레미야 17:5-11   사람이 힘이 되어 주려니 하는 자들은 천벌을 받
                    으리라… 거룩한 분을 믿는 자는 복을 받으리라.
마태오 4:18-22   모든 것을 버린 첫째 제자들을 부름.
마태오 9:9-13   마태오를 부름.
마태오 13:44-46   보물과 진주의 비유.
마태오 25:14-29   달란트의 비유.
요한 15:1-8;16-17   포도나무와 가지.
에페소 3:14-21   그리스도 예수님의 사랑이 여러분의 삶의 기초와
                    뿌리가 되기를 바랍니다.
히브리 11:8-19   아브라함의 믿음.

주제 8: 하느님께서는 모든 것을 제쳐두고 우리를 부르신다

● 구할 은총

사랑으로 하느님 가족의 신성한 인간 공동체 육성에 협력하도록 우리를 자유롭게 해주시는 예수님의 방법 이해.

루가 1:26-38	성모 영보… 주님의 뜻대로 제게 이루어지기를 바랍니다.
루가 5:1-11	베드로와 첫째 제자들을 부름.
요한 3:22-30	그분은 커지셔야 하고 나는 작아져야 한다.
루가 18:18-24	부자를 부름과 수난 예고.

● 참조 독서

창세기 12:1-9	아브라함을 부름.
예레미야 1:1-10	예레미야를 부름.
이사야 6:1-10	이사야를 부름.
요한 1:35-51	첫째 제자들을 부름.
필립비 1:18-26	바오로의 치우치지 않은 마음… 나는 사는 것이든 죽는 것이든 상관하지 않습니다…. 그리스도 안에서 모든 것은 문제가 안 됩니다.
II고린토 12:1-10	약함에도 부름받음…. 그리스도 예수님은 나의 힘.
에페소 3:14-21	여러분의 삶에 그리스도의 사랑이 뿌리와 기초가 되기를 바랍니다…. 우리 안에서 힘차게 활동하시면서 훨씬 더 풍성하게 해주실 수 있는 분.

주제 9: 예수님을 따르기

● 구할 은총

나를 위하여 사람이 되신 예수님을 더 사랑하고 더 가까이 따르는
데 필요한 예수님에 대한 깊은 인식.

마태오 3:13-17	집을 떠나서 요르단 강에서 세례를 받는 예수님.
마태오 4:1-11	광야에서 유혹받는 예수님.
마태오 14:22-33	물 위를 걷는 예수님.
루가 18:15-43	예수님과 어린이들; 부자를 부르시는 예수님; 수난 예고; 알아듣지 못하는 제자들; 맹인을 고침.

● 참조 독서

마태오 5:1-16	복되어라… 너희 빛을 모든 이에게 비춰야 한다.
마태오 8:18-27	예수님은 머리를 둘 곳조차 없다; 폭풍을 잠재우는 예수님.
마태오 15	예수님과 바리사이파들; 내적 정화; 가나안 여인; 아픈 이를 치유하는 예수님; 사천 명을 먹이는 예수님.
I고린토 1:17-31	십자가의 지혜와 어리석음… 누구든지 자랑하려거든 주 예수님 안에서 자랑하십시오.
마태오 20:20-28	내가 마시게 될 잔을 너희도 마실 수 있느냐? 야고보와 요한은 예수님의 오른편에 앉기를 원함.

주제 10: 나는 정의로운 세상을 건설하는 일에 예수님의 영과 함께 참여하라는 부름을 받았다

● 구할 은총

오늘날 나의 환경에서 정의 구현을 위한 도구로 부름받음에 대한 더 깊은 인식.

루가 4:16-22	나자렛에서 가르치시는 예수님… 주님의 성령이 내게 내리시어 묶인 이들에게 해방을 알려줌.
마태오 25:31-46	최후의 심판… 가장 보잘것없는 사람에게 해준 것이 바로 나에게 해준 것임.
마태오 23:1-12	예수님은 자신의 시대에서 불의한 구조에 정면 대응한다… 그들은 무거운 짐을 꾸려 남의 어깨에 메워줄 뿐이다… 누구든지 자기를 낮추면 높아진다.
루가 16:19-31	나자로와 부자 이야기.

● 참조 독서

레위기 19:1-2; 11-18	너희는 남의 물건을 착취하거나 빼앗지 마라… 네 이웃을 네 몸처럼 아껴라.
이사야 1:10-26	내가 너희에게 바라는 희생은… 네 스스로 정의를 실천하고… 불의를 바로 잡아라.
이사야 58:1-12	내가 좋아하는 단식은 불의한 족쇄를 부수고 멍에를 벗겨주는 것이다.
이사야 61	주님의 영이 내게 내리시어 정의를 선포하라고 하셨다… 그들은 정의의 참나무라 불릴 것이다.
이사야 65:17-25	새로워진 세상… 며칠 살지 못하고 죽는 아기가

	없을 것이며… 늑대와 어린양이 함께 풀을 뜯을 것이다.
시편 34	가엾은 이들이 부르짖자 거룩한 분이 들으셨도다.
마태오 14:13-21	오천 명을 먹이신 예수님.
사도 4:32-36	서로 나누며 살았던 초대 그리스도 공동체의 삶.
사도 6:1-6	가난한 이와 슬픈 이들을 돌보라고 부제들을 선출한 사도들.

주제 11: 나는 파스카의 신비에 책임 있게 참여하라는 부름을 받았다

● 구할 은총

파스카 신비 안에서 내 임무를 찾고 싶은 의욕.

루가 22:14-20	최후의 만찬.
루가 22:39-46	겟세마니에서의 고뇌.
루가 23:32-49	십자가에서 돌아가신 예수님.
루가 24:13-35	엠마오 가는 길에서 제자들에게 나타나신 예수님.들.

● 참조 독서

루가 9:23-27; 44-50; 57-62	제자 자격 요건; 수난 예고; 사도 자격 요건. 열두 제자를 부르시고 가르치시는 예수님; … 21절 형제가 형제를 넘겨줄 것이고; … 30절 너희 머리카락까지도 낱낱이 세어 두셨다.
마태오 10	한 알의 밀알이 죽지 않으면.
요한 12:24-26	사도들은 예수님의 이름으로 모욕당하는 것을 특권으로 생각하고 기쁨에 차서 떠났다.
사도 5:40-42	십자가의 지혜와 어리석음… 자랑하고 싶은 사람은 주님 안에서 자랑하십시오.
I고린토 1:17-31	하느님의 권능을 보여주시고자 질그릇 같은 우리 속에 보화를 담아 주셨습니다….
II고린토 4:5-18	예수님과 함께 고통을 당하는 것은 여러분의 특권입니다… 여러분은 그리스도 예수님께서 스스로 낮추신 마음을 여러분의 마음으로 간직하십시오.

필립비 1:27-2:18	예수님의 이름으로 모욕당할 때 여러분은 행복합니다.
I베드로 4:12-19	세례를 받고 죽어서 그분과 함께 묻혔습니다…
로마 6:3-11	죄 때문에 죽고, 하느님 안에서 삶.
필립비 3:7-11	내가 바라는 것은 그리스도를 알고 그리스도 부활의 능력을 깨닫고 그리스도와 고난을 같이 나누고 그리스도와 같이 죽는 것입니다.

주제 12: 그리스도의 몸

● 구할 은총

그리스도의 몸 안에 하나가 되어 서로 의존된 우리 자신을 깊게 이해
하기; 하느님 나라의 건설에 협력하는 것으로써 예수님을 섬기려는 열
망.

로마 12:3-21	한 몸 안에 수많은 지체….
루가 22:24-32	누가 더 높은지에 대한 사도들 사이의 논쟁.
요한 13:1-17	제자들의 발을 씻어 주신 예수님.
요한 21:15-23	내 어린 양, 내 양들을 돌보아라….

● 참조 독서

마르코 6:30-44	돌아온 제자들… 오천 명을 먹이심.
루가 10	일흔 두 제자를 파견하심… 감사합니다 아빠, 보 잘것없는 이들에게 나타내시니… 착한 사마리아 사람….
요한 15:9-17	서로 사랑하여라 이것이 내 계명이다.
I고린토 12 & 13	은총의 다양함과 협력; 지체의 비유; 사랑은 오래 참고, 사랑은 친절하며….
II고린토 1:3-7	여러분의 위로를 위하여 우리는 고통을 당합니 다.
골로사이 1:24-29	그리스도의 남은 고난을 내 몸으로 채웁니다.
에페소 4:1-16	하나의 몸, 하나의 영, 만물 위의 부모이신 하느 님.
필립비 2:1-11	제 실속보다는 남의 이익도 돌보십시오… 주 예

사도 9:1-9 수님의 마음을 여러분의 마음으로 하십시오.
바오로를 부름… 사울아, 사울아 네가 왜 나를
박해하느냐.

주제 13: 성령께서는 언제나 우리들 안에서 그리고 우리가 체험하는
사건을 통하여 일을 하신다

● **구할 은총**

내 삶의 모든 곳에서 예수님 영의 현존과 힘에 대한 깊은 인식.

요한 14:15-20; 25-28	내가 아버지께 청하여 또 다른 협조자를 보내달라고 하겠다… 성령께서는 너희들에게 모든 것을 가르쳐주실 것이다.
마태오 28:16-20	승천… 나는 이 세상 끝날까지 너희와 함께 하겠다.
사도 2:1-13	오순절.
사도 4:5-22	성령의 힘과 예수님의 이름으로 설교하는 베드로와 요한.

● **참조 독서**

요한 7:37-39	생명의 물이 강물처럼 흘러나올 것이다.
마태오 5;13-16	너는 이 세상의 소금이다.
요한 15:1-8	포도나무와 가지.
로마 8:1-27	성령의 이끄심에 따라 사시오… 공포가 아니고 입양해주시는 성령을 받으시오… 아빠… 우리는 상속자며 신음하는 모든 피조물과 더불어 희망을 가집니다… 성령께서는 연약한 우리 안에서 기도하십니다.
II고린토 5:13-20	그리스도의 사랑이 우리를 강요하고 있습니다… 우리는 더 이상 세속적인 표준으로 남을 판단하지 않을 것입니다… 누구든지 그리스도 안에서는 새 사람이 됩니다… 화해의 임무… 우리는

그리스도의 사절입니다.

II고린토 12:1-10	내 권능은 약한 자 안에서 드러난다.
에페소 3:14-21	그리스도 예수님께서 성령의 힘을 통하여 여러분을 내적으로 굳세게 하여 주시기를 빕니다.
에페소 4:17-32	이제부터 여러분은 이방인들처럼 살지 마십시오 … 당신은 생각하는 데 있어서 새로운 영적 길을 습득하십시오… 어떤 것도 여러분을 보증해 주신 성령을 실망시키지 못합니다.
필립비 3:7-21	나에게는 예수님을 아는 것 외의 모든 것이 다 쓰레기로 여겨집니다… 그분의 부활에서 능력이 나옵니다… 나는 앞에 놓인 것을 향해 힘차게 나아갑니다… 우리는 구세주께서 오시는 날을 고대하고 있습니다.
필립비 4:4-1	주 예수님 안에서 항상 기뻐하십시오… 나에게 능력을 주시는 분께 힘입어 나는 무슨 일이든지 할 수 있습니다.
갈라디 5:13-25	자유를 적절히 사용함… 성령의 열매는 기쁨, 일치….

기도 방법 호칭

　　서로 분명히 다르게 사람들을 영적 순례로 이끄는 두 가지 방법이 있다.[33] 첫 번째는 인간의 경험을 통한 방법이다. 그것은 생각으로, 이미지로, 상징으로 그리고 인간의 경험에 대한 집중으로 신을 중개한다. 이것은 그리스어로 카타파틱kataphatic 방법이라고 부르며 '이미지로with image'라는 뜻이다.

　　두 번째 방법은 하느님께서는 우리가 가진 하느님의 이미지나 내용을 초월하기 때문에 우리 자신이 가진 모든 이미지와 내용을 버림으로써 신을 가장 잘 발견할 수 있다는 믿음에 근거를 둔다. 우리는 온전히 침묵하고, 비우며, 우리 자신을 잃어버릴 때 신과 하나 됨을 인지하고, 신 안에 머문다. 이것은 또한 그리스어로 아포파틱apophatic 방법이라고 부르며 이미지 없이, 생각 없이 단순하게 하느님과 함께한다는 뜻이다.

　　'두 방법'은 다 유효하고 각각의 과장을 교정하기 위해 서로 필요하다. 우리가 오로지 카타파틱하게 기도하면 체험하는 모든 영감은 하느님께서 주셨다는 우상에 빠지고 하느님에 대한 우리의 이미지를 하느님과 동일한 것으로 생각할 수도 있다. 우리가 오로지 아포파틱하게 기도하면 삶을 지나치게 수동적으로 다루고, 타인의 고통에 무관심하며, 지구에 대한 인간 선택의 중요성을 대수롭지 않게 생각할 수 있다. 이냐시오 영성 전통은 카타파틱한 경향이 있는 반면 가르멜 영성 전통은 아포파틱한 경향이 있다.

두 방법은 우리 각자를 다양하게 기도하도록 이끈다. 카타파틱 방법은 다양한 요구에 맞게 우리를 도와줄 수 있도록 아포파틱 방법보다 더 많이 개발됐다. 우리는 인간의 경험으로 하느님을 인식하기 위하여 많은 방법을 다양하게 사용할 수 있다. 아포파틱 방법을 사용하는 소수의 방법은 이미지와 내용이 없이 기도에 마음을 열도록 사람들을 돕는 단순한 길이다. 두 방법 모두 궁극적으로 방법과 자의식 없이 하느님 '앞에' 머물며 더 단순하게 기도하도록 이끈다.

다양한 '방법'이 다양한 사람들에게 이끌린다. 결국 우리는 개성과 필요에 따라 특정한 상황에서 더 도움이 되는 방법을 시도하고 적절하게 사용한다.

우리는 서로 매우 다른 기도 방법을 호칭해서 종종 혼돈을 일으킨다. 예를 들면 카타파틱 전통과 아포파틱 전통 모두 **묵상**meditation과 **관상**contemplation이라는 단어를 너무 다르게 사용한다. 나는 여기서 전문 용어를 규명하고 더 신중하게 다양한 기도 방법을 호칭하는 특정 용어를 사용하기 위해서 일관된 구조를 제시했다.

나는 다양한 기도 방법을 호칭하고 이해하는 데 도움을 주고 동시에 일정한 이해의 테두리 안에서 근본적인 방법을 가르치고자 이렇게 설명했다.

거룩한 독서

거룩한 독서LECTIO DIVINA는 두 가지 방법을 포용하는 가장 근본적인
방법이다. 그것에 대한 설명은 70쪽에 있다.

내가 입을 벌리자 그 두루마리를 입에 넣어 주시면서 그분은 말씀하셨다.
'너 사람아 내가 주는 이 두루마리를 배부르게 먹어라.' 그리하여 그것을
받아먹으니 마치 꿀처럼 입에 달았다(에제키엘 3:2-3).

마리아는 이 모든 일을 마음속 깊이 새겨 오래 간직하였다(루가 2:19, 51).

카타파틱 기도

1) 성경으로 하는 기도에 대한 설명은 13쪽에 있다. 이것도 묵상이
   라고 불린다.
2) 어린이의 기도는 50쪽에 있다. 카타파틱 전통은 이것도 묵상이
   라고 부른다.
3) 마치 거기에 있는 것처럼… 또는 복음 관상에 대한 설명은 66쪽
   에 있다. 사람들은 이 방법을 때때로 이냐시오 관상이라고 부르
   거나 복음 사건을 바탕으로 유도된 이미지 또는 관상 방법 또는
   복음 관상이라고 부른다. 어떤 사람들은 짧게 이것을 '관상'이라
   고 한다(유감스럽지만 나도 관상이라고 믿는다).[34]
4) 일기 쓰기는 묵상하듯이 적는 것이다. "영과 육은 서로 협력해서
   진정한 우리 자신을 드러낼 수 있다."[35] 앞의 1) 성경 쓰기 묵상과

2) 체험 쓰기 묵상에는 두 가지 예에 대한 충분한 설명이 담겨 있다.
5) 기억 치유에 대한 설명은 72쪽에 있다.
6) 기억을 사용하는 기도는 은총의 역사 171쪽의 3단계를 참조하라.
7) 구원의 역사로 하는 기도는 170-185쪽에 있다.

아포파틱 기도

향심 기도[36]

향심 기도Centering Prayer는 매우 단순한 기도이다. 이것은 종종 말없이 우리 안에 계신 성령께 마음을 여는 기도이다. 우리는 향심 기도를 통하여 우리 자신의 깊은 곳에 나선형으로 내려간다. 그곳은 우리에게 생명을 불어넣으시는 하느님의 사랑으로 창조된 우리 자신을 체험하는 고요한 부분이다. 우리는 향심 기도를 통하여 하느님께 의존되었음을 믿고 인식하는 데 도움을 받는다. 우리는 다음의 방법으로 향심 기도에 들어갈 수 있다.

— 편안히 긴장을 풀고 조용히 앉아라.
— 하느님을 그리워하고 원하면서 쉬어라.
— 자신의 가장 깊은 중심으로 가라.

우리는 승강기를 타고 천천히 내려가거나 계단을 걸어 내려가거나 산에서 내려오거나 수영장의 깊은 물 속으로 들어가는 상상으로 이 방법을 촉진할 수 있다.

— 고요한 가운데 하느님의 현존을 의식하면서 평화롭게 하느님의 사랑을 받아들여라.

"우리는 향심 기도로 생각과 이미지, 감각과 이성을 너머서 하느님께서 놀라운 일을 하시는 우리 존재의 중심에 들어간다."

시편 46:10	너희는 멈추고 내가 하느님인 줄 알라!
로마 8:15	우리는 성령에 힘입어 하느님을 아빠라고 부른다.
로마 8:26	성령께서는 말로 다 할 수 없을 만큼 깊이 탄식하시며 하느님께 간구합니다.

만트라를 사용하는 향심 기도[37)

집중한다는 것은 '만트라' 또는 '기도 단어'를 사용한다는 뜻이다. 만트라는 한 단어나 한 구절일 수 있다. 이것은 성경의 한 단어나 당신의 마음에서 저절로 떠오르는 것일 수도 있다. 단어나 구절을 호흡에 맞추어 천천히 반복하라. 예를 들면 우리가 "예수님 구세주여"라는 구절을 사용한다면 숨을 들이쉴 때 "예수님" 하고 말하고, 내쉴 때 "구세주여"라고 말하라.

— 적절한 만트라를 선택하라.
— 잠깐 몸을 쭉 펴며 긴장을 풀어라. 좋으신 하느님께 감사드려라.
— 잠들지 않을 만한 편안한 자세를 취하라. 등과 머리를 세우며 어깨를 편다면 어떤 자세도 좋다.

- 마음이 비워질 때까지 호흡에 따라 선택한 만트라를 계속 반복하라.
- 마음이 혼란해지면 만트라를 멈춰라. 이 시점에서 혼란을 알아보고 나중에 다시 보기 위해서 그것에 이름을 붙이고 기억하라.
- 마음이 다시 비워질 때까지 같은 만트라를 시작하라. 그리고 혼란해지면 앞에서처럼 하라.
- 편안해지면 멈추지만 20분 전에는 멈추지 마라. 초기에는 자명종 시계가 도움이 될 수도 있다. 천천히 기도에서 나와라. 보통 주님의 기도나 찬미 기도를 아주 천천히 반복하는 것은 도움이 된다.
- 당신은 만트라로 향심 기도를 한 뒤에 분심을 펼쳐볼 수 있고 앞으로 관심을 둘 만한 것을 적어둘 수도 있다.

향심 기도는 후기 베네딕도회 수사인 존 메인의 가르침으로 널리 알려진 크리스천 묵상Christian Meditation과 어느 정도 비슷하다. 크리스천 묵상은 향심 기도 운동에서 분리되었지만, 일종의 향심 기도이다.

예수님의 기도를 만트라로 사용할 때 다음 내용으로 기도할 수도 있다. "주 예수 그리스도님, 하느님의 아드님, 죄인인 저에게 자비를 베푸소서."

초 물리적 현상(외적인 현상과 물리적/심리적 도움)을 초래하는 동양의 다양한 종교와 철학에서 비롯된 초월 명상Transcendental Meditation과 그 밖의 다른 묵상은 그리스도교의 묵상과 그 밖의 다른 방식의 향심 기도와 비슷하다. 그러나 그리스도교 향심 기도의 맥락과 의미는 초월 명상이나 다양한 동양의 명상 내용과 매우 다르다. 그리스도교의 향심 기도는 자신을 하느님으로 채우기 위하여 자신을 비운다. 예수님은 "아버지와 나는 그를 찾아가 그와 함께 살 것이다"(요한 14:23). 다양한 동양의 명상

에서 자신을 비우는 것은 이름 없는 존재 앞에서 존재하기 위해서 또는
이름 없는 존재 자체를 위한 것이다.

각별한 감사

저자의 허락을 받고 참조하거나 발췌한 책들과 도움을 준 사람들

나는 이 책을 위해 요제프 랑게Josep Lange, osfs.,와 안소니 J. 쿠싱Anthony J. Cushing의 저서 *Freedom And Healing* (바오로 출판사) 중 "*Healing of Memories for myself*"의 30쪽을 각색했다.

나는 데이비드 L. 플레밍David L. Fleming, sj.의 책 *The Spiritual Exercises of ST. IGNATIUS, A LITERAL TRANSLATION AND A CONTEMPORARY READING* (Institut of Jesuit Sources, Fusz Memorial, St. Louis University, St. Louis Missouri)을 이 책의 '기도와 영적 지도를 위한 제안'에서 특별히 개인 지도 피정에서 준비와 보속에 관련된 플레밍의 자료로 사용했다. 또한 면담, 은총을 구하는 기도 그리고 세 개의 담화와 자세에 관한 그의 자료를 광범위하게 각색했다.

존 조이스John Joyce, sj.가 편집한 책, *Self-Abandonment to Divine Providence* (Burns and Oates Ltd., de Caussade, sj.)의 "Land of Darkness"에 있는 코사드(Caussade)의 자료.

데이비드 하셀David Hassel, sj, *Sister's Today, October 1977 Article enti-*

tled Prayer of Christ's Memories. 나는 이 책의 목적을 위해서 몇몇 자료와 이야기를 각색했다.

라이먼 콜맨Lyman Coleman, *Serendipity House, Celebration*, for the section Phase 5 "내게 필요한 치유를 깨달으며 성장하기." 나는 이 섹션의 일부를 Celebration의 37쪽부터 39쪽까지를 인용하여 이 책에 맞게 바꿨다.

프로비도 크로졸레토Provvido Crozzoletto, 뮤리엘 왓츠Mccj., Muriel Watts, 브루스 헨리Bruce Henry, sj., 프란시스 존슨Francis X. Johnson, sj.에게 특별히 감사한다. 이 사람들은 이 판본을 숙독했다. 루이스 누젠트Louise Nugent와 캐런 맥캔치Karen McCanch는 나를 위해 여러 자료를 타이핑해 주었다. 빌 오'라일리Bill O'Reilly는 컴퓨터 스캔을 도와주었다.

데샹텔 라로우Dechantel LaRow 수녀는 *Blessed History and Remembering God's Presence In My Life History* 편집을 도와주었다.

로저 그린우드J. Roger Greenwood는 즐거운 대화로 50쪽의 "Prayer of the Child"와 242쪽의 의식 성찰에 관하여 자신의 생각보다 더 많은 것을 주었다.

A Reading From the Scriptures of the Prophets(118쪽)를 일부 각색한 것에 대해 존 할리John A. Haley에게 감사한다. 그는 여러 방면으로 내가 노력하도록 격려하였고, 애매모호한 부분을 재고하도록 가르쳤다.

A Written Meditation on Scripture and A Written Meditation on a Personal Meditation를 수련해 준 짐 네이프시Jim M. Neafsey.

루스 매클린Ruth Mclean은 *Orientation*을 위해서 자신의 시를 사용하도록 허락했다.

존 펠라도John W. Peladeau, sj.는 이제 평화 속에 고이 잠들어 우리를 위해서 간구하고 있다고 나는 확신한다. 그는 '예수님의 생각과 마음을 간직하기'의 기도 방법에 도움을 주었다. 그는 우리의 사랑스러운 하느님께서 우리 단계를 따르지 않는다는 것을 그때 알았고, 지금은 당연히 알고 있지만 친절하게도 이 방법을 여러 단계로 나누었다.

'루가복음에 따른 제자직'이라는 기도 방법에 대한 기여와 '어둠의 땅' 일부를 성찰하여 영적인 성장 단계의 후반부에 대한 통찰력을 준 허르베 마커스Herve Marcoux, omi. 그는 또한 미성숙과 중독, 무질서와 같은 해결하지 못한 인간적 문제를 다룰 필요가 있는 사람도 고요한 기도를 할 수 있다고 내게 가르쳐주었다.

에맨드 니그로Amand Nigro, sj.는 전화로만 이야기한 나의 관대한 사촌이며, '성경으로 기도하기'를 이 책에 각색하게 도움을 주었다.

앤서니 반 히Anthony Van Hee, sj.는 영적 성장의 후반기에 대한 전통적인 인용문 연구와 '어둠의 땅'의 영적 여정에서 이 부분과 관련하여 많은 평을 해주었다.

미주

1) 관대하게 자신의 연구를 내어준 사촌 에맨드 니그로에게서 인용.

2) 이 요약은 개인 지도 피정을 하러 온 사람이 도착해서 피정을 할 준비가 되어 있으나 지도자가 아직 준비되지 않은 경우에 유용하다. 또한 이것은 개인 지도 피정을 처음 하는 사람에게도 도움이 된다.

3) 예: 주님의 기도, 성모송, 영광송 등(역자 주).

4) 일상 영신수련, 주말 개인 지도 기도, 9일 기도나 본당 피정이 그 예다.

5) 촛불은 미세먼지가 많이 발생하므로 닫힌 공간에서 사용하지 않는 것이 좋다. 꼭 필요하다면 건전지 초를 사용하라(역자 주).

6) 성 다미아노와 천사들의 성 마리아는 프란치스코가 회심하고 개축한 이탈리아의 성당이다(역자 주).

7) 휴가에 관한 이 설명은 마돈나 마리Madonna Marie, osf가 공동체의 수녀들에게 보낸 편지에서 발췌한 것이다.

8) 이 부분은 『영신수련』 강생 수련(114번)의 제1 요점에 대한 간스(G. Ganss)의 최근 번역의 인용한 것이다. 나는 전에는 이 부분을 Prayer of Christ's memories라고 불렀다. 그 이유는 대부분의 내용이 같은 이름을 사용한 데이비드 하셀의 논문에 근거했기 때문이다. 이 논문은 Sisters Today에 처음 실렸고, 나중에 *Catholic Digest*에 매우 간단하게 실렸다. 나는 Orientations Vol. 1을 발간한 뒤에 1983년에 바오로 출판사가 발간한 하셀의 *Radical Prayer* 38쪽에 실린 글을 읽으면서 Prayer of Christ's memories가 내가 인용한 것과 좀 다르다는 것을 발견하였다.

내가 *Orientations vol. 1* 원본에 쓴 것을 여기에 옮긴 해설에 따르면 기도하는 사람은 데이비드 하셀이 설명한 수동성(Passivity)으로 똑같이 깊게 이끌릴 수도 있다. 그러나 나는 그가 설명한 방법을 통하여 더 직접적으로 의도한 깊이를 인식하게 되었다. 그러므로 나는 하셀의 기도 방법의 요약을 간과하지 않고 간직하기 위하여 이름을 바꾸었다. 자료 대부분은 그의 글에서 나온 것이고, 내가 그것을 인용하였듯이, 『영신수련』 둘째 주간의 복음 관상을 안내하는 탁월한 방법이다.

9) 렉시오 디비나와 관련된 자료는 Multi-Media가 출판했고 시토회(Cistercian)인 빈센트 드와이어(Vincent Dwyer)가 제공한 Cistercian Many Paths to Prayer라는 필름에 근거한다. 그것은 전문 용어는 다시 표현되고 복원될 필요가 있다고 주장한다. 그러므로 문자 그대로 'Lectio Divina'는 거룩한 독서라고 번역되지만, '듣기'(Listening)라고 표현되어

야 한다. Meditatio는 문자 그대로 '묵상'(Meditation)으로 번역되지만, 느낌과 생각이 포함된 <u>마음으로 성찰하기</u>로 표현되어야 한다. Oratio는 문자 그대로 '기도라고 번역되지만, <u>마음으로 반응하기</u>'와 '하느님과 주고받는 대화'로 표현되어야 한다. Contemplatio는 문자 그대로 '관상'(contemplation)이라고 번역되지만—듣고, 성찰하고, 반응하는 과정에서 자연스럽게 나온 결과이며— 하느님의 선물이고 앞에서 마음을 연 결과로서 '<u>하느님께 사로잡힘</u>'이라는 체험으로 표현되어야 한다.

10) 따라서 어린이의 기도(the Prayer of a child), 체험 쓰기 묵상, 은총의 역사를 가지고 기도하기 모두는 거룩한 독서의 기도 방식이다.

11) 이 문장을 인용하게 허락한 머나(Myrna M. Small)에게 감사한다. 밑에 이어지는 내용은 일련의 회의와 워크숍에서 만들어진 작자 미상의 자료에서 인용했다.

12) 루스 매클린의 시는 영신수련의 첫째 수련에서 분리된 장소 설정을 표현하는 데 매우 도움이 될 수 있다.

13) 올가 바른케(Olga Warnke), ibvm.가 영어로 번역한 독일 Magnificat에서 인용.

14) 다허티Daugherty 추기경의 기도에 근거.

15) 예수님은 집을 떠나서 요르단강으로 갔다.

16) 이 기도 방법은 다음과 같은 사람들을 위해 만들어졌다.
— 개인 지도 피정에서 여러 가지 이유로 기도에 쉽게 들어가지 못하고 안내자와의 면담 전후에 시간을 보내기 위해 몇 가지 방식Structure이 필요한 사람.
— 기도로 구하는 필요와 은총을 점차 인식하는 법을 배우는 사람.
— 생각하고 싶고 마음속에 있는 이야기에 더 깊이 집중하며 점진적으로 도움을 받고자 피정에 온 계획적인 사람.

17) 우리는 개략적인 이 요점을 4에서 6일 정도의 짧은 피정에서 사용할 수 있다.

18) 준비 기간(disposition)이라는 개념을 착안한 구엘프(Guelph)의 로욜라 하우스 지도자들에게 감사한다. 여기의 해석은 현재 구엘프가 실행하는 것과 다른 것으로서, 1974년에서 1980년에 실행했던 준비 기간을 설명한 것이다. 또한 여러 해 동안 나를 격려해 주고 창의적으로 실행할 수 있게 시간을 내어 준 그들에게 감사한다.

19) 작자 미상.

20) 이것은 성경을 사용하는 영신수련 첫째 주간의 기도 방법이다.

21) 제자 직분에 관한 부분은 다음과 같이 여러 가지 방향으로 사용될 수 있다: (1) 기도 사이에 성경으로 거룩한 독서를 하며 조용히 체험, (2) 연구, (3) 여러 모둠과 함께 다양한 부문에 참여하는 모둠 작업, (4) 일생에 걸친 회심에서 일어났던 다양한 변천 이해.

22) 이 제목과 이 기도 방법의 주제에 해당하는 각각의 인용은 마리 사우써드(Mary Southard)가 1989년에 제작한 Wounded Earth, Wonder Earth라는 매우 아름다운 달력에서

허락을 받고 인용하였다. 구매 요청: Calender — Sister of St. Joseph, 1515 Ogden Ave., La Grange Park, Il., 60525-1798. Ph(708)354 9573.

23) 개인의 구원 역사에 대한 두 가지 서로 다른 기도 수련이 있다. 첫 번째 묵상, 은총의 역사는 쓰면서 성찰하기를 좋아하고 또한 특별히 자세하게 성찰하기를 좋아하는 사람들을 위한 것이다. 또한 쉽게 연결해서 성찰하지 못할 수도 있는 사람들을 위해서도 만들어졌다. 176쪽의 두 번째 묵상, '내 역사에 존재하시는 하느님 기억하기'는 대강 연결하기를 좋아하거나 다른 사람이 도와줘도 작업을 잘 못 하는 사람들을 위한 것이다.

24) 이 착상과 묵상의 많은 자료에 대해 존 잉글리시에게 감사한다. 또한 내 스스로 고안하였지만 그 덕택에 시작하게 되었고, 그에게 고무되었고 가르침 받은 것에 감사한다. 나는 이 책 전체에 걸쳐 있는 성경 자료의 많은 부분을 그의『영신수련』책에서 시작했다. 나는『영신수련』을 이해하고 체험을 체계화시키는 데 그의 덕을 많이 보았다. 또한 앞의 20번 주석도 마찬가지다.

25) 자신의 역사로 기도하는 방법과 신학적인 성찰을 위해서는 바오로 출판사에서 처음 출판하고 최근에 Guelph의 Loyola Houserk에서 출판한 존 잉글리시의 *Choosing Life*와 Ottawa의 Canadian Religious Conference가 출판한 존 잉글리시의 *Communal Graced History*를 읽어라. 더 많은 정보를 원한다면 이 책의 마지막 두 쪽을 참조하라.

26) 내가 각색한 이것은 지난 20여 년에 걸친 수많은 피정자의 체험에 바탕을 두고 있다. 나는 이나시오가 우리 문화에서 특별히 일러두기 20번에 따르는 1:1 개인 지도 영신수련을 위해 썼다면 그가 의도했을 것이라고 생각하며 이것을 썼다.

『영신수련』을 훌륭하게 잘 번역한 책이 많이 있다. 그것 중의 몇몇은 탁월한 언어학에 바탕을 두고 있기는 하나, 1:1 개인 지도로 영신수련을 지도하지 않았거나 이런 방식으로 영신수련을 하지 않는 사람들이 쓴 것으로 보인다.

나는 탁월한 이론을 바탕으로 탁월한 언어학을 제공할 것이라는 희망을 주는 신중한 학문을 탁월한 경험으로 대체하려고 의역하지 않았다. 나는 불행하게도 그런 능력이 전혀 없다. 그러나 일러두기 20번에 따른『영신수련』과 20번을 현실적으로 다시 의역한 현재의 일러두기 19번에 따른 영신수련은 우선으로 내적 역동과 영들의 움직임을 키우고 감지하는 데 도움을 주기 위해 각색한 것임을 독자에게 상기시키는 것이 내 목적이다. 이것은 과학적인 번역이나 신학적 연구가 이 방법의 결과가 설명하려는 체험을 지속적으로 참조하지 않으면 계속 혼란을 초래한다는 것을 의미한다. 일러두기 19번이나 20번에서 보면, 영신수련은 신성하고 인간적인 사회를 세우려고 예수님을 따르라는 부름을 받고 하느님의 뜻을 자신의 삶에서 발견하려는 사람에게 내적 체험과 반응을 개발하고 판단하는 데 도움을 주기 위한 수단이다.

당신은 각색한 이 핵심 묵상을 읽는 동안 주목하게 될 것인데 이 핵심 묵상이 가정하는 근거는 이나시오에게 묵상이 *discursive exercise*(추론적 묵상: 위캠[Wickham])이 아니었다는 것이다. 그보다는 이 묵상은 둘째 주간의 관상 방법과 약간 다른 태도로 매우 강력한 이미지에 마음을 여는 것이다. 예수회는 생각에서 상상과 감정을 분리하고자 했던 합리주의 시대인 1800년대 초에 회복되었다. 그 시기에 둘째 주간의 관상 방법이 다시 형성되었다. 이런 연유로 과학적인 방법이 출현했다. 합리주의로 본다면 참된 실재(the really real)는 우리 존재의 깊은 곳에서 일어나는 것이 아니라 먼저 연역적 논리로 도출되고 의식에 떠오른다. 그래서 대부분의 1800년대 이후에서 1960년대 중반까지의 영신수련 주석자들은 그 시대에 피정자들(the Exercises)을 착한 신앙을 지닌 합리주의자(bona fide rationalists)로 해석했다.

각색한 이것의 밑에 있는 사상은 오직 나의 피정 지도 체험과 다른 지도자들과 함께 나눈 많은 대화를 성찰한 자료에 근거한다. 의심의 여지 없이 그들은 내 선택의 밑에 있는 자신들의 통찰을 인식할 것이다. 그들에게 거듭 감사한다. 주 37번 이하를 참조하라.

27) 정원은 아담과 하와가 유혹을 받아 따 먹은 나무 열매가 있던 에덴동산이다(창세기 3:1-24). (역자 주)

28) *Liber Devotionum for the Eleventh Rule of the Summary In Form Of A Prayer*의 1947년 영어판 각색: "나의 주님, 세상이 사랑하고 품고 있는 것 일부나 모두를 혐오하고 당신께서 사랑하셨고 품으셨던 모든 것을 온 힘으로 받아들이고 원하게 하소서. 세상이 세속의 사람들을 가르친 대로 세상의 것을 따르는 그들이 명예와 명성과 지상을 덮고 있는 커다란 갈기(mane) 같은 신망을 열심히 추구하듯이, 내가 나의 왕이신 당신을 존경하게 따르며 사랑하고 당신의 사랑과 존경이라는 당신의 갑옷과 제복을 입고 이들과 반대되는 모든 것을 열심히 원하게 하소서. 당신의 신성한 위엄에 무례하지 않고 내 이웃에게 죄를 짓지 않으면서 그것을 행할 수 있다면 나를 모욕과 중상을 당하고 상처를 입고 감옥에 갇히고 바보로 만들어 주소서. 그리하여 당신이야말로 사람을 생명으로 이끄는 참된 길이므로 내가 창조주며 주님이신 당신을 더 닮게 하시고 당신의 발자국을 더 가까이서 따르게 하소서. 세상이 그들에게 속한 이들을 부와 명예와 쾌락을 사랑하게 만들 수 있다면 어찌 당신께서 당신의 자녀를 가난과 모욕과 십자가를 더 사랑하게 만들 수 없겠습니까!"

29) 1963년 로욜라대학교(Loyola University)가 발간한 *For Jesuit*라는 기도 책과 메리 델 발 라파엘(Merry Del Val)의 Rafael 추기경의 기도에서 각색.

30) 이 수련은 앞으로 주목하고 이해하기 위하여 체험에 이름을 붙이고 체험을 비교하면서 어휘력을 늘리고 내적 체험을 성찰할 필요가 있는 사람들에게 유용하다. 이것은 개인 지도 피정을 끝내면서 기도 길잡이와의 마지막 면담 전에 수련하는 피정자에게 줄 수 있는 자료이다.

31) 이 기도는 1947년의 *Liber Devotionum*에서 발췌해서 각색했다.

32) 작자 미상.

33) 이 후반부는 존 잉글리시의 *Spiritual Governace Workshop*(영적 통치 워크샵)에서 나온 자료와 구엘프 영성 센터와 협력하고 있는 Christian Life Community의 제2단계

지침서에서 인용했다.

34) 긍정(Kataphatic)과 부정(apophatic)의 길에 관한 탁월한 설명에 관하여는 Shanon, *W.H. Thomas Merton's Dark Path* (Penguin Books), 3을 보기 바람.

35) 불행하게도 이냐시오의 방법을 호칭하는 이 방법 때문에 많은 사람뿐만 아니라 이냐시오 영성 전통을 알고 있는 사람에게조차 혼란을 초래한다.

36) 간결한 이 인용은 버갠(Bergan)과 슈반(Schwan)의 *Take and Receive*라는 연재물 5쪽의 기도 일기에 관한 그것들의 설명 중에서 '**사랑**'이라는 항목에서 따왔다. 설명과 묵상에 관한 그들의 글은 마치 보석과 같다. 그들은 묵상이 마치 연애편지를 읽는 것과 같다고 말했다. 이 이미지는 이냐시오 전통의 지향과 의미를 잘 담고 있다. 또한 『영신수련』 45번에서 세 능력을 활용하는 이냐시오 묵상(*Meditation Using the Three Powers of the Soul*)과 이 설명이 어떻게 조화를 이루는지 이해하려면 위캄(Wickham, J.,)의 *The Communal Spiritual Exercises*에서 Directory를 참조하라. 이냐시오는 이 방법을 지난 200년 동안이나 압도했던 추론적인(Discursice) 묵상으로 생각하지 않았다. 1978년도 America vol 41, #2 112쪽에 있는 토마스 키팅(Thomas Keating)의 *Comtemplative Prayer in the Christian Tradition*과 *Lewis, Scott, Balthasar Alvarez and The Prayer of Silence*, Spirituality Today, 1989. vol 41, #2, p 112ff.를 참조하라. 미주 27번을 참조하라.

37) & 38) 향심 기도에 대한 두 가지 설명은 치스트 루퍼트(Chist Rupert sj.)가 쓴 Prayer In Symlog Space라고 부르는 글의 부록에서 인용됐다. 그에게 감사한다. 그는 이 기도를 고요한 기도(Tranquillity prayer)라고 부른다.